Ulmer Taschenbuch 28

Heinz Jenuwein

Avocado bis Zuckerrohr

Tropische Nutzpflanzen
selber ziehen

82 Farbfotos

VERLAG
EUGEN
ULMER

Umschlagfoto: Litchipflaume (*Litchi chinensis*, s. auch Seite 79).
Foto auf Seite 2: Ein Wintergarten, wie er für die Haltung tropischer und subtropischer Nutzpflanzen geradezu ideal ist.

CIP-Kurztitelaufnahme der Deutschen Bibliothek:

Jenuwein, Heinz:
Avocado bis Zuckerrohr/Heinz Jenuwein,–
Stuttgart: Ulmer 1986
  (Ulmer Taschenbuch; 28)
  ISBN 3-8001-6283-0
NE: GT

© 1986 Eugen Ulmer GmbH & Co.
Wollgrasweg 41, 7000 Stuttgart 70 (Hohenheim)
Das Werk einschließlich aller seiner Teile ist urheberrechtlich geschützt. Jede Verwertung außerhalb der engen Grenzen des Urheberrechtsgesetzes ist ohne Zustimmung des Verlages unzulässig und strafbar. Das gilt insbesondere für Vervielfältigungen, Übersetzungen, Mikroverfilmungen und die Einspeicherung und Verarbeitung in elektronischen Systemen.
Printed in Germany
Satz: Typobauer Filmsatz GmbH, Ostfildern-Scharnhausen
Druck und Bindung: Georg Appl, Wemding

Vorwort

Es ist schon eine Vielzahl von Büchern über Gärten und Pflanzen geschrieben worden. Trotzdem gibt es über eine Pflanzengruppe kaum Literatur für den interessierten Laien und Hobbygärtner: Ich meine die tropischen und subtropischen Nutzpflanzen. Dem Zimmergärtner und dem Besitzer eines Kleingewächshauses eröffnen sich mit diesen Pflanzen aber zahlreiche Möglichkeiten, fremdländische Gewächse zu ziehen, sich an ihnen zu erfreuen und auch eine Vielzahl von Früchten mit ausgezeichnetem Geschmack zu ernten.

Die Auswahl der Pflanzen im vorliegenden Band erhebt keinen Anspruch auf Vollständigkeit. Es sind ausschließlich Arten, die von mir selbst gepflegt wurden und werden. Die Angaben beruhen daher auf Erfahrungen, die mit diesen Pflanzen im Laufe vieler Jahre gemacht wurden. Deshalb unterscheiden sich die Pflegehinweise sehr oft grundlegend von manchen Angaben in anderen Fachbüchern, die sich auf die Kulturbedingungen in den Heimatländern der Pflanzen beziehen.

Heinz Jenuwein
Aystetten, im Herbst 1986

Inhalt

Vorwort 5

Einleitung 7
Besonderheiten beachten 7
Beispiel: Gießen mit Folgen 8

Grundlagen der Pflanzenpflege 9
Gießwasser 9
Pflanzsubstrat 10
Pflanzgefäße 12
Temperatur 12
Nährstoffversorgung 13

Pflanzenlexikon 15
Feijoa 15
Kiwipflanze 16
Sisalagave 18
Ananas 20
Cherimoya 22
Erdnuß 23
Erdbeerbaum 25
Ramie 26
Teestrauch 27
Blumenrohr 29
Echter Kapernstrauch 31
Melonenbaum 33
Kapokbaum 34
Johannisbrotbaum 36
Ceylonzimtbaum 37
Saure Limette 39
Pomeranze 41
Myrtenblättrige Mandarine 42
Zitrone 42
Calamondinorange 44
Riesenorange 45
Zitronatzitrone 46
Grapefruit 47
Mandarine 48
Apfelsine 49
Kokospalme 50
Kaffeestrauch 52
Taro 540
Gelbwurzel 56
Erdmandel 58

Baumtomate 60
Yamswurzel 61
Kakipflaume 63
Ölpalme 65
Wollmispel 66
Echter Feigenbaum 68
Kumquat 70
Süßholz 71
Baumwolle 73
Ambari 74
Süßkartoffel 75
Lorbeerbaum 77
Litchibaum 79
Schwammgurke 80
Mangobaum 82
Maniok 83
Sapotillbaum 85
Pfeilwurz 86
Schwarzer Maulbeerbaum 88
Zwergbanane 89
Japanische Faserbanane 91
Manilahanf 92
Ölbaum 93
Feigenopuntie 95
Reis 97
Purpurgranadilla 99
Riesengranadilla 101
Avocadobirne 102
Dattelpalme 104
Kapstachelbeere 106
Pfeffer 107
Echte Pistazie 109
Erdbeerguave 110
Guave 110
Granatapfelbaum 112
Zuckerrohr 114
Lulo 115
Kakaobaum 116
Echte Vanille 119
Ingwer 122

Literatur 125
Bildquellen 125
Sachregister 126

Einleitung

Am Anfang steht häufig der Wunsch nach einem Garten. Da dieser Wunsch nicht immer sofort zu realisieren ist, beschränkt sich der Drang zum Grünen vorläufig auf die Zimmergärtnerei, auf den allgegenwärtigen Gummibaum und das Alpenveilchen. Bei mir stand am Anfang der Kaffee und bald die Erkenntnis: »Aller Anfang ist schwer.«

Besonderheiten beachten

Damit niemand vorzeitig die Flinte ins Korn wirft, möchte ich versuchen, den Leser auf Fehler hinzuweisen, die ich selbst gemacht habe bzw. machen mußte, da es für den Pflanzenfreund auf dem Gebiet der Kultur tropischer und subtropischer Nutzpflanzen erstaun

So prächtig gedeiht die Wollmispel (Bildmitte) nur in einem Gewächshaus.

lich wenig Literatur gibt. Angaben über die Lebensansprüche ganz allgemein beziehen sich auf die Standorte in den Anbauländern. Nirgends wird erwähnt, ob und wie sich dieselbe Pflanze unter Bedingungen, wie sie der Pflanzenliebhaber in unseren Breiten anzubieten hat, halten läßt und mit welchem Erfolg. Nichts ist deprimierender, als eine seltene Pflanze teuer zu erwerben, um sie dann täglich ein Stückchen mehr sterben zu sehen.

Oft wird auch der Fehler gemacht, für die Haltung dieser oder jener Pflanze fix und fertige Rezepte anzubieten. Der Pflanzenfreund, der sich exakt danach richtet, erleidet häufig Schiffbruch. Die lebende Pflanze ist kein Automat, die sich bei dieser oder jener vorgeschriebenen Pflege so oder so entwickelt. Für eine erfolgreiche Haltung von Problempflanzen – um solche handelt es sich bei Kulturpflanzen der Tropen und Subtropen fast ausnahmslos – ist zuallererst ein gewisses Gefühl für die Bedürfnisse der Pflanzen nötig. Im Umgang mit Pflanzen muß man Geduld haben, mit der Natur fühlen. Nur so wird man sich im Laufe des Jahres an seinen Pfleglingen erfreuen können.

Beispiel: Gießen mit Folgen

Ob man Gefühl für die Pflanzen hat, zeigt sich bereits beim Gießen.

Das Leitungswasser enthält gelöste Mineralsalze in unterschiedlicher Menge (Kalk- und Magnesiumsalze), d. h., es ist mehr oder weniger »hart« und deshalb zum ständigen Gießen von Topfpflanzen mehr oder weniger geeignet. Durch den ständigen Wasserbedarf der Pflanzen sammelt sich der im Wasser gelöste Kalk immer mehr in der Topferde an. Das hat Folgen.

Jede Pflanze ist nämlich auf das in den Blättern vorhandene Chlorophyll angewiesen. Dieses Chlorophyll kann aber nur mit Hilfe des im Boden enthaltenen Eisens gebildet werden. Im Boden muß deshalb für die Pflanze aufnehmbares Eisen zur Verfügung stehen. Dabei genügen kleinste Mengen, also Spuren, daher auch der Name »Spurenelement«, z. B. für Eisen. Das Eisen selbst ist im Chlorophyll, dem Blattgrün, nicht enthalten. Es wirkt nur als »Katalysator«, d. h., es beeinflußt und steuert den Vorgang der Chlorophyllbildung.

Nun ist in der mit Kalk angereicherten Topferde das Eisen wegen des geringen Säuregrades der Erde nicht mehr frei verfügbar, sondern liegt fest gebunden vor. Die natürliche Folge ist, daß kein Blattgrün mehr gebildet werden kann. Die Blätter werden zuerst hellgrün, mit deutlich sichtbaren, noch dunkelgrünen Blattnerven, dann gelblich, in schweren Fällen sogar weißlich. Schließlich verliert die Pflanze ihre Blätter und stirbt ab. Mancher Pflanzenfreund glaubt bei Blattfall an fehlendes Wasser, er gießt noch mehr und das Übel nimmt einen noch schnelleren Verlauf.

Grundlagen der Pflanzenpflege

Wenn man Freude an nicht alltäglichen Pflanzen haben will, ist es notwendig, sich mit einigen Grundsätzen der allgemeinen Pflanzenpflege vertraut zu machen. Es gibt beim Umgang mit Pflanzen keine starren Regeln. Das erworbene Wissen, gepaart mit Beobachtungsgabe, ist der einzige richtige Weg, um zum Erfolg zu kommen.

Gießwasser

Das Wasser, mit dem wir unsere Pflanzen gießen, soll möglichst kalkarm, in der Fachsprache »sauer« sein.

pH-Wert

Der Säuregrad des Wassers wird durch den sogenannten pH-Wert gekennzeichnet. Die Skala der pH-Werte reicht von 1 bis 14. Liegt der pH-Wert bei 7, spricht man vom »Neutralpunkt«, liegt der Wert über 7, ist das Wasser basisch (alkalisch), liegt er unter 7, ist es sauer. Wasser mit Werten zwischen 7 und 14 ist für unsere Zwecke unbrauchbar. Ein pH-Wert von 1 bezeichnet einen Säuregrad, der etwa dem von Essig entspricht, ein Wert von 4 entspricht der Säure eines guten Weines. Wasser mit einem pH-Wert über 7 ist für unsere Zwecke als Gießwasser unbrauchbar. Regenwasser hat dagegen Säuregrade von 5,5 bis 6,5 und ist ideal. Im Bereich von pH 4 bis 5,5 gedeihen am besten Moorbeetpflanzen, besonders die interessanten insektenverdauenden Formen.

Wasser im Bereich von pH 5 bis 7 ist also generell brauchbar für unsere Pfleglinge. Regenwasser ist ideal, wenn es außerhalb von Großstädten gesammelt werden kann. Im Stadtbereich ist die Luft oft schon so verschmutzt, daß auch im Regenwasser auf die Dauer zu viele schädliche Beimengungen vorkommen.

pH-Wert messen

Wir können selbst auf einfache Weise feststellen, ob unser Wasser den für unsere Pflanzen geeigneten Säuregrad besitzt. In jeder Apotheke gibt es sogenanntes Reagenzpapier, dem eine Farbskala beigegeben ist. Man braucht nur einen Teststreifen lösen, ihn kurz in das Gießwasser tauchen und nach einigen Sekunden des Wartens, in denen die chemische Reaktion eintritt, mit der Farbskala vergleichen. Da an jeder Farbprobe der Skala der dazugehörende pH-Wert vermerkt ist, weiß man sofort, welchen Säuregrad das Gießwasser aufweist.

Wasserenthärter

Will es nun gar nicht regnen oder braucht man für eine größere Anzahl Pflanzen mehr Wasser, als der Regenbottich enthält, steht auch hier eine Lösung parat. Im Gartenfachhandel gibt es Wasserenthärtungsmittel, die, nach Vorschrift des Herstellers verwendet, Wasser beliebig aufbereiten, d. h. »weich machen«. Auch in der Apotheke käufliche Phosphor- oder Salpetersäure, dem Wasser tropfenweise zugegeben, hilft uns, Gießwasser für unsere Zwecke brauchbar zu machen. Phosphorsäure fördert die Wurzel- und Blütenbildung, Salpetersäure wird durch chemische Umwandlung im Boden in den für die Pflanze aufnehmbaren Stickstoff verwandelt.

Es sollte selbstverständlich sein, daß jedes Gießwasser, zumal für die empfindlichen Pflanzen, wie wir sie pflegen, ungefähr die Temperatur haben sollte, wie sie der Raum aufweist, in dem die Pflanze steht.

Pflanzsubstrat

Die Pflanzen, die wir pflegen, stehen bis auf wenige Ausnahmen, in humoser, luftdurchlässiger Erde. Auch Pflanzen, die in ihrer Heimat auf steinigen, kargen Böden vorkommen, wachsen gut, wenn die Pflanzerde nahrhaft ist. Allerdings sollte darauf geachtet werden, daß die letzteren Arten nicht zu mastig werden und ihren charakteristischen Wuchs verlieren.

Bei den *Citrus*-Arten, die in ihren Anbaugebieten meistens in schwerer, lehmiger Erde stehen, bedingt ein lockerer, humushaltiger Boden eine erwünschte Reduzierung der Schalendicke. Man kann generell bei allen *Citrus*-Arten sagen: je leichter der Boden, desto dünner die Schale der Früchte (s. auch die Abschnitte »Boden« bei den Pflanzenbeschreibungen ab Seite 15).

Versuchsweise wurden Jungpflanzen der verschiedensten tropischen und subtropischen Nutzpflanzen sogar in reinen Torf gepflanzt. Die Nährstoffarmut des Torfes wurde nach dem Anwurzeln der Pflanzen durch leichte Düngergaben ausgeglichen und siehe da, sie wuchsen prächtig.

Um den Säuregrad des Pflanzsubstrates zu prüfen, können wir ebenfalls Teststreifen verwenden. Aber den Teststreifen nicht mit dem Finger oder einem Steinchen in das Erdreich drücken, sondern mit einem Holz- oder Metallstäbchen, damit die Meßwerte nicht verfälscht werden.

Auf eine weitverbreitete Ansicht sei hier noch hingewiesen. Wenn sich die Topferde an der Oberfläche mit schwarzgrünen Belägen überzieht, die Oberfläche schmierig wird und das Wachstum stockt, sagt man im allgemeinen, der Boden sei versauert. Aber genau das Gegenteil ist der Fall. Der Boden ist basisch geworden und zwar durch den im Gießwasser enthaltenen

Kalk. Hier hilft nur noch baldiges Umtopfen in frische Erde.

Licht

Der Lichtbedarf der einzelnen Arten ist so unterschiedlich, daß dieser zweckmäßigerweise bei der jeweiligen Pflanzenbeschreibung ab Seite 15 behandelt wird. Dabei ergeben sich Abweichungen zu den Angaben in der Fachliteratur. Der Grund ist, daß die Helligkeitswerte in den Anbauländern der jeweiligen Arten angegeben werden, während hier diejenigen Werte berücksichtigt werden müssen, die diese tropischen und subtropischen Pflanzen in unseren Breiten benötigen.

Beispiel: Kaffeestrauch

Als Beispiel sei der Kaffeestrauch genannt. In der Fachliteratur wird der Anbau von Kaffee unter Schattenbäumen empfohlen; nur in Gebieten mit starker Bewölkung könne auf Beschattung verzichtet werden. In der Tat führt zu starke Belichtung beim Kaffee zum Übertragen und damit zur vorzeitigen Erschöpfung. Beim Anbau auf der Plantage ein überzeugendes Argument.

Wir wollen als Pflanzenliebhaber den Kaffeestrauch aber auch bei uns zum Blühen und Fruchten bringen. Das tut er auch, entgegen den weitverbreiteten Anweisungen, aber nur, wenn er viel volle Sonne bekommt, das nötige Alter vorausgesetzt. Es leuchtet ein, daß die Kraft der Sonne in den Tropen nicht zu vergleichen ist mit der Sonnenintensität in unseren Breiten. Also dürfen wir

Wer die Möglichkeit hat, sollte es tun: Das an ein Wohnhaus angebaute Gewächshaus bietet den Pflanzen volles Licht auch im Herbst und Winter.

unseren Kaffeestrauch ohne weiteres der vollen Sonne aussetzen, im Hochsommer auch im Freien.

Volles Licht im Herbst und Winter

Ab September können wir allen unseren Pflanzen, auch unter Glas, das volle Licht geben, denn die Triebe müssen ausreifen. Zusatzbelichtung in den Wintermonaten ist nur bei besonders empfindlichen Pfleglingen und Aussaaten angebracht. Der Handel bietet dazu alles Nötige an.

Im allgemeinen sollen unsere Pflanzen im Winter nicht wachsen. Das ergibt nur schwächliche, dünne Triebe, die sich selbst nicht halten können und im Frühjahr doch weggeschnitten werden müssen. Auch rein tropische Arten, die an ein Wachstum über das ganze Jahr angepaßt sind, stellen dieses von selbst ein, wenn das Licht weniger wird und die Temperatur fällt.

Nach der Überwinterung

Wenn die Pflanzen nach der Überwinterung, sei es in einem hellen Keller oder in einem mit Isolierfolie abgedeckten Gewächshaus, wieder an die Sonne sollen, Vorsicht walten lassen. Nur die Gewächse, die den Winter über blattlos gestanden haben, vertragen volles Licht, alle anderen reagieren mit Verbrennungen.

Pflanzgefäße

Für den Kunststofftopf

Ob Tontopf oder Kunststofftopf ist eine ständige Streitfrage. Beide haben ihre Vor- und Nachteile. Ich persönlich habe mich aus verschiedenen Gründen für den Kunststofftopf entschieden:

Der Kunststofftopf ist viel leichter, was bei der Belastung von Hängebrettern im Gewächshaus von Bedeutung sein kann.

Bei Kunststofftöpfen ist der Pflegeaufwand geringer.

Durch die undurchlässige Wand des Kunststofftopfes kann im Gegensatz zum Tontopf kein Wasser verdunsten. Es muß also weniger gegossen werden und die Wurzelballen sind gleichmäßiger feucht, was eindeutig dem Wachstum zugutekommt.

Allerdings muß auch beim Gießen beachtet werden, daß die Feuchtigkeit besonders am Topfgrund oft noch reichlich vorhanden ist, während die Oberfläche der Pflanzerde schon trocken geworden ist. Daher hilft das oft zitierte Prüfen der Feuchtigkeit mit dem Finger hier nicht. Er dringt nur einige Zentimeter in den Boden ein; hier ist es trocken, also wird gegossen. Da ab Topfmitte noch reichlich Feuchtigkeit vorhanden ist, entsteht im unteren Bereich Staunässe, die Wurzeln beginnen über kurz oder lang zu faulen. Es empfiehlt sich, alles, was eingetopft ist, kurz hochzunehmen. Am Gewicht läßt sich leicht feststellen, ob die Pflanzerde auch wirklich Wasser braucht.

Ein weiterer Grund, den Plastiktopf zu wählen, ist der, daß die seitliche Verdunstung an den Wänden des Tontopfes und die damit verbundene Abkühlung der Pflanzerde beim Kunststofftopf nicht auftritt.

Temperatur

Überwinterung

Wie bei den Einzeldarstellungen der Pflanzen ab Seite 15 zu sehen sein wird, können unsere Pfleglinge, bis auf wenige Ausnahmen, bei erstaunlich niedrigen Temperaturen überwintert werden. Sie erhalten dann natürlich keinerlei Dünger und nur soviel Wasser, daß der Wurzelballen nicht austrocknet.

Beim geringen Licht in unseren Wintermonaten ruft eine zu hohe Temperatur nur schwächlichen Wuchs hervor. Bei *Citrus*-Arten – mit Ausnahme von Pampelmuse und Limette –, die an tropische Temperaturen angepaßt sind, ist eine gerade noch frostfreie Überwinterung nur von Vorteil, da niedrige Temperaturen und Kurztag die Blütenbildung fördern.

Tag- und Nachttemperaturen

Grundsätzlich sollen die Nachttemperaturen einige Grade niedriger sein als die jeweiligen Tagestemperaturen. In den Sommermonaten können in Glashäusern bei Sonneneinstrahlung die Temperaturen auf über 30 bis 35 °C steigen, werden aber gut vertragen. Eventuell muß dann leicht schattiert werden, damit es nicht heißer wird. Temperaturen über 40 °C führen an weichen Pflanzenteilen zu Verbrennungen.

Nährstoffversorgung

In den Pflegehinweisen ist die Nährstoffversorgung der einzelnen Pflanzen unter dem Stichwort »Düngung« beschrieben. Dabei werden nirgendwo Mengenangaben und Düngerbezeichnungen zu finden sein. Das hat folgende Gründe:
Bei der Topfkultur langlebiger Pflanzen tritt bei der Verwendung von Mineraldüngern eine zunehmende Versalzung der Erde ein. Die Nährstoffe der Mineraldünger werden bei der industriellen Herstellung an Trägerstoffe gebunden, die sich, da sie nicht verbraucht werden, in der Erde anreichern.

Mist als Dünger

Ein Verfahren, das eine optimale Versorgung der Pflanzen mit Nährstofffen garantiert und die Risiken der Mineraldüngung ausschaltet, ist die Verwendung von Mist, vor allem aus einem Tierpark. Vor Mist aus Massentierhaltungen und Mastbetrieben ist zu warnen, weil er Reste von Antibiotika enthält. Sie können auch im Topf jedes Bodenleben vernichten, daher der Hinweis auf einen Zoo.

Mist aus dem Tierpark enthält keinerlei für die Pflanzen schädlichen Bestandteile. Jeder Zoo gibt auf Anfragen etwas Mist ab. Will man nur düngen, empfiehlt sich der Mist von Rindern, z. B. von Wasserbüffeln. Um Humus zu bilden, nehme man Elefantenmist. Dieser hat zwar weniger Inhaltsstoffe, aber viel angedaute Bestandteile, die, besonders im Gewächshaus auf dem Boden verteilt, in kurzer Zeit eine herrlich belebte Humusdecke bilden.

Düngung

Zur Düngung der Pflanzen nehme man 1 bis 2 faustgroße Stücke Rinderdung, gebe sie in eine 10 l fassende Gießkanne und gieße mit Regenwasser auf. Umrühren und einen Tag stehen lassen, dann kann gegossen werden. Bei dieser Düngung entwickeln sich kräftige, gesunde Pflanzen und mit der Dosierung kann nichts falsch gemacht werden. Dies sind Düngungspraktiken, wie sie in der Landwirtschaft vor der »Chemieeuphorie« üblich waren und auch heute noch beste Erfolge zeitigen. Zitronenernten von 30 bis 50 Pfund von einem Baum bekomme ich erst, seit ich ohne »Chemie« arbeite.

Pflanzenlexikon

Die nachfolgend beschriebenen Pflanzen werden mit ihrem deutschen Namen vorgestellt. Die Anordnung erfolgt aus Gründen der Eindeutigkeit alphabetisch nach den Anfangsbuchstaben des botanischen Namens. Zugrundegelegt wurde »Zander – Handwörterbuch der Pflanzennamen« (13. Aufl.).

Feijoa
Acca sellowiana (syn. Feijoa sellowiana)
Familie: Myrtaceae

Es werden bei uns weder Früchte noch Pflanzen angeboten.

Heimat: Südamerika. Inzwischen wurde die Pflanze auch in den Subtropen Asiens und Afrikas eingeführt.
Pflanze: Die Feijoa wächst sich bei uns zu einem Strauch von etwa 2 m Höhe mit leicht knorrigem Wuchs aus. Die eirunden, kleinen Blätter sind auf der Oberseite dunkelgrün und auf der Unterseite graugrün. Die dekorativen Blüten, die in den Blattachseln gebildet werden, sind dunkelrot mit weit aus der Blüte herausstehenden Staubgefäßen. Sie können mit eigenem Blütenstaub bestäubt werden. Es entwickeln sich kleine, säuerliche, aber sehr aromatische Beeren, die roh gegessen werden können.

Links: Auch unter unseren Bedingungen lassen sich Früchte mit ausgezeichnetem Geschmack ernten, sofern man die Pflanzen richtig pflegt.

Rechts: Die südamerikanische Feijoa entwickelt kleine säuerliche, aber aromatische Beeren, die man roh ißt.

Standort: Wie das dicke, wasserspeichernde Laub zeigt, hat sich die Pflanze auf heiße, trockene Standorte eingerichtet. Daher geben wir der Feijoa einen möglichst sonnigen Platz. In nassen Sommern muß die Feijoa Regenschutz erhalten, da sonst die Wurzeln Schaden nehmen. Unter Glas gedeiht sie auch gut, aber ein zu großes Wasserangebot, verbunden mit viel Wärme, zerstört den Habitus der Pflanze. Am besten steht die Feijoa den Sommer über im Freien. Mit Beginn der Herbstregen stellt man sie an einen trockeneren Platz, gönnt ihr aber noch soviel Licht wie möglich. Im Winter kommt die Feijoa an einen hellen, kühlen Ort.

Boden, Substrat: Die Feijoa gedeiht am besten in einem nicht zu nahrhaften Boden. Lauberde mit Quarz vermischt, vielleicht noch ganz wenig Torf dazu, ist das Richtige. Wichtig ist, daß überschüssiges Wasser sofort ablaufen kann.

Gießen: Vorsichtig gießen, den Wurzelballen fast abtrocknen lassen, danach wieder durchdringend mit Wasser versorgen. Anhaltende Nässe bringt die Pflanze um. Im Winter wird es problematisch. Gießt man zuviel, geht die Pflanze ein, gießt man zuwenig, wirft sie alle Blätter ab. Da die Feijoa viel Laub aufweist, also auch im Winter viel Wasser verdunstet, gehören Erfahrung und Fingerspitzengefühl dazu, die Pflanze über den Winter zu bringen.

Düngen: Mit Dünger kann man bei der Feijoa sparsam sein. Ein Dungguß alle 4 Wochen während der Vegetationsperiode reicht aus. Ende August das Düngen ganz einstellen, um das Ausreifen der Triebe zu erreichen.

Reife, Ernte: Die Beeren sind im Herbst genußreif, wenn sie weich geworden sind. Sie werden am besten roh verzehrt.

Vermehrung, Anzucht: Wenn man sich aus den Anbauländern der Feijoa keinen Samen besorgen kann, ist es vielleicht möglich, von einem größeren botanischen Garten einige Beeren zu bekommen. Diese werden über den Winter trocken und warm aufbewahrt, im Frühjahr einige Tage in warmes Wasser gelegt und dann in sandigem Boden etwa 1 cm tief gesteckt. Bei etwa 20 bis 25 °C keimen sie nach etwa 3 bis 4 Wochen. Sporadisch werden im Frühjahr in den Gartenzeitschriften Jungpflanzen angeboten.

Kiwipflanze (Kiwi)
Actinidia chinensis
Familie: Actinidiaceae

Die Actinidie (im Handel »Kiwi«) wird in Gartencentern als Containerpflanze angeboten. Weil Kiwi zweihäusig sind, müssen männliche und weibliche Exemplare zusammengepflanzt werden, damit Früchte entstehen können. Die in den ganzjährig im Handel angebotenen Früchten enthaltenen Samenkörner können ebenfalls zur Nachzucht verwendet werden.

Heimat: Die Heimat der Kiwi liegt in China. Der Großanbau mit den heutigen Zuchtsorten wird vorwiegend in Neuseeland betrieben.

Pflanze: Die Kiwi ist ein rankendes Gewächs mit großen, weichen, herzförmigen Blättern, die leicht behaart sind. Der Neuaustrieb ist rot, die blattachsel-

Kiwi-Früchte sind inzwischen wohl bekannt und überall erhältlich.

ständigen Blüten sind gelblich und ähneln einer Heckenrosenblüte. Die männlichen Blüten besitzen keine Staubgefäße, die weiblichen Blüten besitzen keine Narbe. Die Pflanze wird ziemlich umfangreich, sie kann mehrere Meter hoch und breit werden. Die Frucht der fast ausschließlich angebotenen Sorte 'Hayward' ist etwa 8 cm lang und 5 cm breit. Das Fruchtfleisch ist flaschengrün mit vielen winzigen Samenkörnern, die mitgegessen werden. Die Pflanzen werden im Alter von 3 Jahren blühfähig, die Früchte werden im November geerntet und halten sich im Kühlschrank mehrere Monate frisch. Die langen Ranken der Kiwi klettern selbst nicht, sie werden aufgebunden.

Standort: Da die Kiwi für das Liebhabergewächshaus zu groß wird, kommt eigentlich nur ein Standort im Freien in Frage. Entgegen vieler Versprechungen von Vertriebsfirmen möchte ich davor warnen, sie in anderen als in Weinklimaten ins Freie zu pflanzen. Das kann einige Jahre gutgehen, aber in einem normalen Winter, wie er z. B. in Bayern herrscht, gehen Kiwi mit Sicherheit zugrunde.

Es kommt also nur eine Kultur im Kübel in Frage. Die Kiwi kommt nach den Eisheiligen an den wärmsten und sonnigsten Platz, der sich finden läßt. Dort bleibt sie bis zu den ersten Nachtfrösten. Wenn durch erste Fröste das Laub etwas leidet, schadet das nicht, es wird sowieso abgeworfen. Im Winter wandert die Kiwi an einen trockenen Platz im Keller, der kühl sein darf. Auch eine Garage, die frostfrei gehalten werden kann, tut es, diese kann ruhig dunkel sein, da die Pflanze laublos ist. Unter Glas scheinen die Kiwi eine »magische Anziehung« auf die Rote Spinne (Spinnmilben) auszuüben, also rechtzeitig spritzen.

Boden, Substrat: *Actinidia chinensis* ist dankbar für einen gut durchlüfteten, humosen Boden. Sie kann ohne weiteres in der überall erhältlichen Einheitserde kultiviert werden.

Gießen: Im Sommer braucht die Kiwi viel, bei voller Sonnenbestrahlung sehr viel Wasser. Dieses Wasser soll kalkfrei bis kalkarm, also weich sein. Am besten eignet sich Regenwasser. In Gegenden mit viel Industrie oder in Großstädten enthält aber Regenwasser zuviel schädliche Beimengungen, so daß es in diesem Fall besser ist, das Leitungswasser mit im Handel erhältlichen Mitteln zu enthärten. Im Winter soll eine leichte Ballenfeuchtigkeit erhalten bleiben, d. h. gerade soviel, daß die Wurzeln nicht absterben.

Düngen: Beim raschen Wachstum der Kiwi kann wöchentlich mit einem Düngerguß nachgeholfen werden. Da die Kiwi nicht besonders salzempfindlich ist, darf ohne weiteres mit einem Mineraldünger gedüngt werden, und zwar in einer Konzentration von 2 g/l.

Reife, Ernte: Ist der Fruchtansatz erfolgt, wobei bei Unterglaskultur im Frühjahr mit dem Pinsel nachgeholfen werden muß, so reifen die mit einer braunen, pelzigen Schale versehenen Früchte bis zum Spätherbst. Vor den ersten Frösten werden sie abgenommen. Sie sind zu diesem Zeitpunkt noch hart und können noch einige Monate im Gemüsefach des Kühlschrankes aufbewahrt werden. Vor Genuß werden sie dann einige Tage in einem warmen Raum aufbewahrt.

Vermehrung, Zucht: Will man die Kiwi aus den in den Früchten enthaltenen Samen ziehen, so werden die Samen mit dem noch daran haftenden Fruchtfleisch einige Tage in warmes Wasser gelegt. Hat sich das Fruchtfleisch zersetzt, werden die Samen getrocknet. In einem Topf wird eine Mischung aus Einheitserde mit Torf eingebracht und leicht angefeuchtet. Darauf werden die kleinen Samenkörner gestreut, nur leicht angedrückt und nicht bedeckt.

Über den Topf wird ein Klarsichtbeutel gestülpt, um die Luftfeuchtigkeit zu erhöhen. Der Beutel verhindert eine zu schnelle Verdunstung und dadurch braucht nicht gegossen zu werden. Die winzigen Samen werden nicht aus ihrem Keimbett gerissen und durcheinandergewirbelt. Je nach der gebotenen Wärme und den Lichtverhältnissen keimen frische Samen bereits nach 8 bis 14 Tagen. Sie bleiben in dem Topf, bis sie eine Größe von etwa 2 cm erreicht haben, dann werden sie das erste Mal pikiert. Erfahrungsgemäß hat man bei der Kleinheit der Samen weitaus mehr Pflanzen als man benötigt. Sobald die Sämlinge ihre Keimblätter entfaltet haben, ist der Klarsichtbeutel überflüssig geworden.

Sisalagave
Agave sisalana
Familie: Agavacae

Die Pflanzen werden bei uns kaum bzw. nicht angeboten.
Heimat: Mittelamerika, Mexiko.
Pflanze: Die Sisalagave ist eine immergrüne Staude der Tropen, eine ausgesprochene Trockenpflanze. Sie besitzt fleischige, eine Rosette bildende, 1 bis 2 m lange und bis 15 cm breite Blätter. Sie sind leicht nach innen gebogen und von dunkelgrüner Farbe. In ihrer Hei-

So wie an ihrem Naturstandort wird die Sisal-Agave bei uns nicht blühen.

mat blüht die Sisalagave etwa um das 15. Lebensjahr. Es entwickelt sich ein bis zu 10 m hoher Blütenschaft, der zahlreiche, in Büscheln stehende Blüten trägt. Die Pflanze selbst erreicht eine Wuchshöhe von etwa 2 m.

Standort: Die Sisalagave benötigt zum guten Gedeihen einen Platz in voller Sonne. Eine Hauswand, die Wärme abstrahlt, trägt viel zum guten Gedeihen bei. Der Standort muß auch gegen Regen geschützt sein. Im Winter begnügt sich die Sisalagave mit einem mäßig hellen Platz, die Temperatur kann dabei ohne weiteres einmal unter 10 °C fallen. Die Höchsttemperatur in der kalten Jahreszeit soll aber auch 15 °C nicht übersteigen.

Boden, Substrat: Die Sisalagave begnügt sich mit einem relativ mageren Boden. Einheitserde, zur Hälfte mit Quarzsand vermischt, ist das Richtige. Viel Torf im Boden wird nicht vertragen. Gegen Staunässe in zu humusreicher Pflanzerde sind die Wurzeln empfindlich und faulen leicht. Sehr zu empfehlen ist auch, auf den Boden des Pflanzgefäßes einige größere Gesteinsbrocken zu legen, damit überschüssiges Wasser schnell ablaufen kann.

Gießen: Als wasserspeichernde Pflanze braucht die Sisalagave nur gegossen werden, wenn die Topferde ausgetrocknet ist. Dauernässe bringt die Wurzeln zum Absterben. Im Winter kann die Sisalagave völlig trocken stehen.

Düngen: Ein einmaliger Dungguß in der Mitte der Vegetationsperiode genügt völlig. Unsere Agave soll ja nicht zu schnell wachsen, sonst paßt sie nicht mehr an ihren Überwinterungsplatz.

Reife, Ernte: Die Sisalagave wird wegen ihrer Blattfasern angebaut. Die Fasergewinnung erfordert maschinellen Einsatz. Diese Fasern sind 1 bis 2 m lang und von glänzend gelber Farbe. Sie dienen zur Herstellung von Garnen, Tauen, Seilen, Matten, Möbelstoffen und Teppichen. Die im asiatischen Raum angebauten Faseragaven gehören einer anderen Art an.

Vermehrung, Anzucht: Die Anzucht der Sisalagave kann bei uns nur durch Wurzelschößlinge erfolgen. Hier kann zur Zeit jedenfalls nur ein Botanischer Garten aushelfen oder man bringt sich von einer Reise nach Mexiko welche mit. Diese Schößlinge sind als sukkulente Pflanzen ohne Schwierigkeiten im Gepäck zu transportieren. Nur muß es das Handgepäck sein, das mit in die Maschine genommen wird; im Laderaum können die Pflanzen erfrieren. Nach dem Einpflanzen erfahren die Schößlinge die gleiche Behandlung wie ältere Pflanzen.

Ananas
Ananas Sativus
Familie: Bromeliaceae

Ananas sind von Mai bis August bei uns erhältlich.
Heimat: Tropisches Südamerika. Zahlreiche Sorten sind über den ganzen Tropengürtel verbreitet.
Pflanze: Die Ananas bildet eine Blattrosette mit einem Mitteltrichter. Die linealisch geformten, je nach Sorte mit glattem oder gezähnten Rand versehenen, steifen Blätter werden bis zu 90 cm lang und 4 bis 5 cm breit. Sie sind auf der Oberseite durch Saugschuppen grau bereift. Über diese Saugschuppen kann die Pflanze Feuchtigkeit aus der Luft aufnehmen. Aus dem Mitteltrichter wächst bei der erwachsenen Pflanze der etwa 30 cm lange Blütenstiel heraus.

Da die Ananas selbstfertil ist, braucht sie zur erfolgreichen Bestäubung keine andere Pflanze der gleichen Art. Erwachsen hat die Ananas schon einen Durchmesser von 1 m und mehr, sie braucht also viel Platz. Bei der Fruchtbildung entsteht oberhalb der Frucht ein kronenförmiger Blattschopf, den wir zur erstmaligen Anzucht verwenden müssen, während wir bei schon vorhandenen Pflanzen immer die Schößlinge unterhalb der Frucht verwenden. Diese sind kräftiger. Nach der Ernte stirbt die Mutterpflanze ab.
Standort: Vollsonnig, bei Temperaturen zwischen 25 und 30 °C. Im Winter geben wir der Ananas in unseren Breiten eine Ruhezeit. Wir schränken das Gießen stark ein, nur eine ganz leichte Bodenfeuchtigkeit soll erhalten bleiben. Sie darf auch mal kurz austrocknen. Dabei geben wir ihr soviel Licht als möglich.
Boden, Substrat: Einheitserde mit Quarzsand vermischt. Wichtig ist, daß auf keinen Fall zu große Nässe entstehen kann, also nicht zu viel Torf verwenden. Kaum eine Pflanze reagiert so schnell mit faulenden Wurzeln.
Gießen: Regelmäßiges Gießen mit kalkfreiem Wasser wird ab dem Zeitpunkt der Bewurzelung notwendig. Die Ananas reagiert sehr empfindlich auf zu hohe Bodenfeuchtigkeit. Trockenzeiten dagegen machen ihr weniger aus, denn wie viele Bromelien, nimmt auch sie mit den Saugschuppen auf den Blättern Feuchtigkeit aus der Luft auf. Zur Weiterpflege sollten wir die Pflanzen bei einer Mindestluftfeuchtigkeit von 60 % halten.
Düngen: Während der Wachstumszeit, also bei uns nur im Sommer, ist etwa 2mal im Monat eine Düngergabe notwendig. Die Pflanze hat keinen besonderen Zierwert und wird vor allem wegen der Früchte herangezogen. Sie braucht daher einen Dünger mit hohem Phosphatsäureanteil, der die Fruchtbildung fördert. Ich verwende mit gutem Erfolg Guano, der im Handel erhältlich ist. Eine Prise, wie sie zwischen 3 Fingern Platz hat, einfach auf die Erde streuen und einwässern.

Normalerweise muß die Pflanze 3 bis 4 Jahre kultiviert werden, bis sie ins blühfähige Alter kommt.
Reife, Ernte: Frühestens nach 3 Jahren entwickeln sich die Blüten an einem etwa 30 cm langen Stengel. Aus den Blüten entsteht ohne weiteres Zutun unsererseits die Frucht. Unter Glashausbedingungen reift sie in 3 bis 4 Monaten.

Eine Ananas heranzuziehen und sie sogar zum Blühen zu bringen, verlangt Geschick und gute Pflege.

Die Ananas kann, wenn sie im Winter einen warmen Standort hat, in jedem Monat des Jahres blühen, wenn auch die Hauptblühte in die Sommermonate fällt. Desgleichen reift auch die Frucht während des ganzen Jahres, wobei im Sommer gereifte Früchte ungleich aromatischer sind als im Winter geschnittene Früchte.

Das Einsetzen der Reife erkennt man am Gelbwerden der Frucht. Gleichzeitig entfalten diese einen intensiven Duft. Man hüte sich aber, die Früchte jetzt schon abzunehmen. Erst wenn sie dem Daumendruck nachgeben, wobei vielleicht schon Saft austritt, sind sie vollreif. Je nach Sorte werden die Früchte bis 2 kg schwer. Sie schmecken überaus aromatisch.

Gekaufte Früchte, die aus Transportgründen grün geerntet werden, bleiben im Geschmack weit hinter unseren Früchten zurück.

Nach der Ernte läßt man die Mutterpflanze stehen. Sie stirbt langsam ab und bildet währenddessen seitlich Schößlinge aus. Diese nehmen wir ab, wenn sie eine Länge von etwa 30 cm erreicht haben. Sie werden in der gleichen Art wie unser Blattschopf weiterkultiviert. Unter Glas wird nur in der heißesten Jahreszeit leicht schattiert.

Vermehrung, Anzucht: Zur Anzucht unserer ersten Mutterpflanze benötigen wir eine Ananasfrucht, die garantiert noch keinen Frost ausgesetzt war. Wir kaufen sie in den Sommermonaten. Mit einem scharfen Messer trennen wir den Blattschopf so ab, daß vom Fruchtfleisch noch ein keilförmiger Strunk daranbleibt. Darauf wird alles Fruchtfleisch vorsichtig entfernt.

Jetzt ist die Mittelachse, sozusagen der Stiel des Blattschopfes sichtbar. Dieser wird bis kurz vor der Basis der untersten kleine Blättchen eingekürzt. Jetzt ziehen wir 2 bis 3 Reihen dieser kleinen Blätter nach unten ab. Ein neuer Stiel ist entstanden, der aber nun einige umlaufende Reihen von erhabenen bräunlichen Punkten zeigt. Dies sind die Sproßpunkte der späteren Wurzeln. Durch das Abziehen der unteren Blätter kann jetzt Feuchtigkeit an diese Sproßpunkte gelangen, die so zum Austreiben veranlaßt werden.

Den so vorbereiteten Blattschopf lassen wir 2 bis 3 Tage an der Luft, damit die Schnittfläche abtrocknen kann und beim späteren Eintopfen keine Infektion auftritt. Inzwischen kümmern wir uns um die Pflanzgefäße. Für den Anfang genügt ein 10-cm-Topf. Ein Abzugloch im Boden ist wichtig, damit keine Staunässe entsteht.

Ist der Blattschopf pflanzbereit,

> Die Cherimoya wird mitunter in Delikateß-Geschäften angeboten. Ihr weißes Fruchtfleisch schmeckt nach Erdbeeren.

feuchten wir die Erde leicht an und stekken ihn, gleichzeitig etwas andrückend, in das Substrat. Er soll an einem warmen, hellen, aber vor Sonne geschützten Platz stehen. Ein übergestülpter Klarsichtbeutel, unter dem Topfrand zusammengebunden, sorgt für die erwünschte hohe Luftfeuchtigkeit. Dadurch verdunsten die Blätter weniger Wasser. Das ist wichtig, solange Wurzeln noch fehlen.

Wenn der Blattschopf zu wachsen beginnt, ist dies ein deutliches Kennzeichen dafür, daß sich Wurzeln gebildet haben. Man darf bis dahin die Geduld nicht verlieren, doch nach etwa 4 Wochen sollte der Schopf bewurzelt sein. Wenn die Jungpflanze sichtbar wächst, können wir die Folie abnehmen.

Cherimoya (Annona)
Annona cherimola
Familie: Annonaceae

Von Januar bis März werden die Früchte manchmal in Delikateßgeschäften angeboten.
Heimat: Ursprünglich in den Tropen Amerikas, heute überall in den warmen Ländern angebaut.
Pflanze: Bei der Gruppe der Annonen handelt es sich um kleine Bäume oder Sträucher mit eiförmigen bis lanzettlichen weichen, feinbehaarten Blättern von der Größe eines Blattes unseres Apfelbaumes. Der Baum ist immergrün, der Austrieb braun. Im Kübel oder unter Glas ausgepflanzt erreicht er etwa 2 m Höhe. Die Blüten erscheinen an den Kurztrieben der Zweige, sind ziemlich groß, weiß bis gelblich. Nach der Bestäubung entwickelt sich eine Sammelbeere wie bei der Ananas. Diese Frucht hat die Größe und das Aussehen eines mit dicken Schuppen bedeckten Apfels. Die Farbe ist auch in der Vollreife dunkelgrün.
Standort: Da die Annona ursprünglich aus dem Hochland von Peru stammt, also intensive Sonneneinstrahlung gewöhnt ist, kommt sie an den hellsten Platz, den wir ihr überhaupt bieten können. Von Mai bis September kann sie an einer hellen, dem Sonnenlicht voll ausgesetzten Stelle im Garten stehen. Im Winter erhält die Pflanze einen hellen Platz, der nicht warm zu sein braucht, da sie ihrer Herkunft nach auch an kühlere Temperaturen angepaßt sind. Sie ist im allgemeinen gegen Temperaturen über 30 °C empfindlicher als gegen tiefere Temperaturen, die einige Zeit auch einmal um 12 °C betragen können.
Boden, Substrat: An das Pflanzsubstrat stellt die Annona keinerlei Ansprüche. Ein magerer Boden, z. B. Kakteenerde, ist ihr allerdings zuträglicher, da hier die Belüftung besser ist. Die Annona reagiert bei zu fettem Boden leicht mit Fäulnis der Wurzeln, wenn mit Wasser nicht vorsichtig umgegangen wird.
Gießen: Am besten mit Regenwasser, aber Vorsicht walten lassen. Der Baum ist ziemlich trockenresistent, d. h., er ist gegen zeitweiliges Trockenhalten unempfindlich, während viel Nässe, besonders in Verbindung mit fettem Boden, bald Wurzelfäule verursacht.
Düngen: Die Annona braucht nicht allzuviel Dünger. Es genügt, wenn alle 4 Wochen in der Wachstumsperiode mit einem Volldünger gedüngt wird.

Reife, Ernte: Nach dem Fruchtansatz im Frühjahr wachsen die Früchte das Jahr über, bis sie je nach der Wärmesumme des Jahres im Spätherbst bis Winter ihre volle Größe erreicht haben. Dabei bleibt auch bei der Reife die Schale grün. Genußreif sind die Annonen, wenn die Frucht auf leichten Fingerdruck nachgibt. Hier hat uns die Natur einen echten Fruchtcocktail bereitet, denn *Annona cherimola* schmecken tatsächlich wie Erdbeeren mit Schlagsahne. Das Aroma entwickelt sich um so besser, je mehr der Baum im Licht steht.

Vermehrung, Anzucht: In das rahmweiße Fruchtfleisch sind die ziemlich großen, schwarzen Samen eingelagert, die ohne weiteres zur Nachzucht verwendet werden können. Diese werden etwa 2 cm tief in sandige, magere Erde gedrückt und leicht feucht gehalten. Man kann die Samen auch in reinem Quarzsand zum Keimen bringen, dabei bilden die Keimlinge infolge der Nährstoffarmut des Substrates besonders starke Wurzelbüschel aus. Bei Temperaturen zwischen 20 bis 25 °C erfolgt die Keimung in 2 bis 3 Wochen. Nach dem Vereinzeln erfolgt die Weiterkultur an einem hellen Platz, wobei die Pflanzen langsam an die Sonne gewöhnt werden.

Erdnuß
Arachis hypogaea
Familie: Leguminosae

Geröstete Erdnüsse sind bekannt und ganzjährig zu kaufen, aber nicht keimfähig.

Heimat: Ursprünglich in Südamerika beheimatet, werden Erdnüsse in geeigneten Klimazonen weltweit angebaut.

Pflanze: Die Erdnuß ist ein einjähriges Kraut von höchstens 0,5 m Höhe. Die eirunden Blätter sind paarig gefiedert. Aus den Achseln der unteren tiele ent-

springen die goldgelben Schmetterlingsblüten. Diese sind nur einige Stunden geöffnet und welken nach vollzogener Selbstbestäubung. Daraufhin fängt die Basis des Fruchtknotens an zu wachsen und schiebt den Fruchtträger in den Boden. Nach einigen Zentimetern Eindringtiefe biegt sich die Spitze rechtwinklig um und dort entwickelt sich in einigen Monaten die von einer runzligen, strohgelben und papierdünnen Hülle umgebene Erdnuß. Meist liegen 2 bis 3 Früchte in einer Hülle. Fruchtträger, die nicht in den Boden eindringen können, bilden auch keine Erdnüsse.

Standort: Die Erdnuß benötigt viel Wärme und Sonne. Temperaturen zwischen 25 und 30 °C sagen ihr am besten zu. Ganzjährige Unterglaskultur ist anzuraten. Sie gedeiht aber auch an einem hellen, nach Süden oder Westen gelegenen Zimmerfenster, da ihr trockene Luft nicht schadet. Die Erdnuß verträgt volle Sonne; im Schatten läßt die Blühleistung merklich nach. Wenn sie in Afrika manchmal als Zwischenkultur unter anderen Pflanzen angebaut wird, darf man daraus keine falschen Schlüsse ziehen, denn die afrikanische Sonne ist ja wesentlich intensiver als die Sonne in unseren Breiten.

Boden, Substrat: Die Erdnuß verlangt einen lockeren, eher sandigen Boden, damit die Fruchtträger leicht eindringen können. Die Torfanteile der Pflanzerde sollen sehr gering ausfallen. Wichtig ist eine gute Wasserdurchlässigkeit, stehende Nässe wird nicht vertragen.

Gießen: Der Wasserbedarf der Erdnuß ist nicht besonders groß. Der Wurzelballen soll zwischen den Gießpausen immer wieder abtrocknen können. Welk gewordene Pflanzen erholen sich nach einer Wassergabe schnell wieder. Gegen Ende der Wachstumszeit im Herbst soll die Ballenfeuchtigkeit nur noch ganz leicht sein, um ein ungestör-

Links: Die Erdnuß benötigt, um gedeihen zu können, viel Wärme und Sonne.

Rechts: Die Früchte des Erdbeerbaums ähneln nur im Aussehen den Erdbeeren. Ihr Geschmack ist fade.

tes Ausreifen der Früchte zu ermöglichen.

Düngen: Die Erdnuß braucht nur alle 4 bis 6 Wochen leicht gedüngt zu werden, da sie als Angehörige der Familie der Leguminosen den Stickstoff aus der Luft aufzunehmen vermag. Ab Mitte des Jahres kann auf jegliche Düngung verzichtet werden.

Reife, Ernte: Wenn im Herbst die oberirdischen Teile der Erdnußpflanze gelb werden und vertrocknen, zieht man die gesamte Pflanze mit den an ihr hängenden Nüssen vorsichtig aus dem Boden. Die Nüsse werden von den Stielen getrennt, aber bis zum Verzehr oder zur Neuaussaat in den Hüllen gelassen.

Vermehrung, Anzucht: Im Frühjahr werden die Erdnüsse mit oder ohne Hülle etwa 1 cm tief in mageren, sandigen Boden gesteckt. Danach wird leicht angegossen und das Pflanzgefäß an eine sonnige Stelle gebracht. Die Temperatur darf bis auf 30 °C ansteigen. Auch nachts sollen 20 °C während der Keimung nicht unterschritten werden. Die ersten beiden Monate nach der Keimung brauchen die Erdnüsse viel Licht und Wasser, mit Beginn der Blühfähigkeit werden die Wassergaben verringert.

Die Erdnuß wird besonders gern von der Roten Spinne befallen. Sobald Farbaufhellungen und Sprenkelung der Blätter beobachtet werden, sofort mit systemischen Mitteln eingreifen, da sonst die Pflanze in kürzester Zeit vernichtet wird.

Erdnüsse, die zur Aussaat bestimmt sind, müssen im Winter trocken aufbewahrt werden, da sie bei Feuchtigkeit, auch hoher Luftfeuchtigkeit, leicht auskeimen.

Erdbeerbaum
Arbutus unedo
Familie: Ericaceae

Einzelne Versandfirmen in Holland und Deutschland führen den Erdbeerbaum fallweise. Es wird empfohlen, auf Anzeigen in Gartenzeitschriften zu achten.

Heimat: Der Erdbeerbaum kommt im gesamten Mittelmeerraum vor, wobei in der östlichen Hälfte eine Unterart die Stelle der Art einnimmt.

Pflanze: Der beim Liebhaber auch bis zu 2 m Höhe erreichende Baum hat hartlaubige, dem Lorbeer ähnliche Blätter. Der Blattrand ist gesägt. Das Laub trägt auf der Oberseite eine Wachsschicht und glänzt daher stark. Die Rinde ist rötlich gefärbt. Im Herbst erscheinen an den älteren Bäumen rispenartige, weiße, maiglöckchenähnliche Blüten, die sich bis zum Frühjahr in runde, rote, erdbeerartige Früchte verwandeln. Ältere Bäume zeigen einen Wuchs, der unseren Apfelbäumen ähnlich ist.

Standort: Der Erdbeerbaum gehört seiner Herkunft nach nicht in ein Tropenhaus. Er kann nach den Eisheiligen an eine sonnige, geschützte Stelle im Garten oder auf den Balkon gestellt werden. Um gedrungene, schön gewachsene Pflanzen zu erzielen, sollte der Erdbeerbaum ins volle Licht. Aber Vorsicht! Im Frühjahr die Pflanze erst langsam daran gewöhnen, sonst gibt es Verbrennungen, die nur sehr zögernd wieder verheilen. Im Winter ist ein heller Raum nötig, dessen Temperatur 10 °C nicht übersteigen soll.

Boden: An das Pflanzsubstrat stellt der Erdbeerbaum hohe Ansprüche. Es soll sauer sein, kalkhaltige Erde ist für ihn tödlich. Lauberde, vermischt mit etwas Torf und scharfem Quarzsand, eventuell aufgelockert durch beigemischte Schaumstoffflocken ist das Richtige. Beim Pflanzsubstrat kommt es auf gute Durchlüftung an. Ein hoher Torfanteil ist zu vermeiden, damit nicht zuviel Wasser im Boden verbleibt.

Gießen: Die Versorgung mit Wasser erfordert beim Erdbeerbaum die allergrößte Aufmerksamkeit. Wichtig ist immer kalkfreies Wasser oder Regenwasser. Ebenso wichtig ist die Erhaltung einer leichten Ballenfeuchtigkeit. Einmalige Ballentrockenheit oder ständiger Wechsel zwischen Nässe und Trockenheit bringen die Pflanze mit Sicherheit um. Eigenartig ist, daß dabei ältere Pflanzen empfindlicher reagieren als Jungpflanzen.

Düngen: In seinen Nährstoffansprüchen ist der Erdbeerbaum bescheiden. Einmal im Monat während der Vegetationsperiode kann eine Volldüngergabe verabreicht werden.

Reife, Ernte: Unter hiesigen Bedingungen ist das Erscheinen von Früchten nicht sehr wahrscheinlich. Das ist aber nicht weiter schlimm, denn die Früchte schmecken eher fade. Darauf deutet schon die Artbezeichnung »unedo«, d. h. »ich esse eine«, hin.

Vermehrung, Anzucht: Da die Anzucht für den Pflanzenliebhaber nicht zu bewerkstelligen ist, entfallen entsprechende Hinweise.

Ramie
Boehmeria nivea
Familie: Urticaceae

Als Pflanze ist die Ramie nicht auf dem Markt.

Heimat: Die weiße Ramie stammt aus China. In Ostasien entstanden Ramienkulturen lange bevor Baumwolle angebaut wurde. Heute wird die Faser in Nordafrika, Nordamerika und im asiatischen Raum angebaut.

Pflanze: Die Ramie ist eine ausdauernde, bis 2 m hohe, kaum verzweigte Staude. An den Sprossen sitzen wechselständige, je nach Varietät auf der Unterseite weißfilzige (var. *chinensis*) oder grüne (var. *indica*), herzförmige Blätter. Die einhäusig getrenntgeschlechtlichen Blüten stehen in Rispen und erzeugen zahlreiche, sehr kleine Samen. Die Pflanze ähnelt in ihrem Habitus der bei uns heimischen Brennessel, mit der sie auch verwandt ist.

Die Ramie ist eine Faserpflanze, die unserer heimischen Brennnessel ähnelt.

Standort: Die Ramie kann als Topf- oder Kübelpflanze im Freiland vom Ende der Frostperiode bis zum Eintritt der Herbstfröste gehalten werden. Hier beansprucht sie einen hellen, vor Dauerregen geschützten Platz. Auch Zimmerhaltung ist ganzjährig an einem hellen Fenster möglich. Das Pflanzen auf das Grundbeet im Gewächshaus ist nicht zu empfehlen, da die Ramie hier zu stark wuchert.

Im Winter werden die Pflanzen über dem Wurzelstock abgeschnitten, ähnlich wie die Dahlien. Der Wurzelstock kann dunkel und nur leicht feucht bei 10 °C überwintert werden.

Boden: Die Pflanze verlangt einen sehr nährstoffreichen Boden, der bis zur Hälfte Lehm enthalten soll. Einheitserde mit Lehm vermischt sagt der Ramie am besten zu.

Gießen: Die Ramie verlangt viel Feuchtigkeit. Leitungswasser verträgt sie auf die Dauer nicht. Staunässe ist unbedingt zu vermeiden, weil die Gefahr besteht, daß die Wurzeln leiden.

Düngen: Um möglichst starke Stengel mit einem reichen Blattwerk zu bekommen, sind regelmäßige Düngergaben, besonders mit einem stickstoffbetonten Volldünger, nötig. Diese werden von März bis in den September hinein in einem Abstand von 14 Tagen gegeben.

Reife, Ernte: Um die Faser der Ramie zu gewinnen, ist industrielle Aufbereitung nötig. Die Ramiefaser hat eine Länge von etwa 30 cm und ist stets unverholzt. Sie besteht aus reiner Cellulose und ist etwa 5mal so fest wie die Faser der Baumwolle.

Die Farbe ist weiß mit starkem Glanz. Sie kann auch für Wäsche verwendet werden.

Vermehrung, Anzucht: Die Pflanze wird hauptsächlich durch Teilung der Wurzelstöcke vermehrt. Aber auch der Samen keimt, auf lockere Erde gesät, bereits nach 14 Tagen. Die Temperaturen brauchen nicht besonders hoch zu sein, 15 °C genügen. Wichtig ist, daß der kleine Samen nicht mit Erde bedeckt wird.

Teestrauch (Tee)
Camellia sinensis (syn. Thea sinensis)
Familie: Theaceae

Als Pflanze ist der Tee nicht im Handel. Viel türkische Gastarbeiter wohnen jedoch in ihrer Heimat in Gebieten, in denen Tee angebaut wird. Hier bietet

Der Teestrauch kann ohne weiteres als Topfpflanze an einem hellen Zimmerfenster stehen.

sich eine Möglichkeit, sich Teesamen besorgen zu lassen.
Heimat: Ursprünglich ist die Heimat der Teepflanze wohl im indischen Raum zu suchen. Aber bereits über 2000 Jahre vor Christus soll die Teepflanze nach China gekommen sein. Nach Europa kam der Tee als Handelsware erst durch die Araber nach 1400. Heute wird er in großen Mengen in Indien und Sri Lanka angebaut. Aber auch die Sowjetunion, Afrika und Südamerika haben den Teeanbau bedeutend ausgeweitet.
Pflanze: Der chinesische Tee wird 5 bis 6 m, der Assamtee bis 15 m hoch. Beide Arten werden aber aus Erntegründen in Strauchform gezogen. Der Tee hat wechselständige, dunkelgrüne, lanzettförmige Blätter. Die Blattränder sind leicht gezähnt, etwas ledrig, bis 9 cm lang und 3 cm breit. Aus den Achselknospen entwickeln sich die weißen bis leicht rosa gefärbten Blüten mit einem Durchmesser bis zu 3 cm.
Standort: Tee als Topfpflanze kann am hellen Zimmerfenster, mit Sommeraufenthalt im Freien und natürlich unter Glas gezogen werden. Eine Temperatur von 18 bis 25 °C sagt ihm am meisten zu.

In den Monaten ohne »r« benötigt die Teepflanze leichten Sonnenschutz, wenn sie hinter Glas steht. Im Freiland ist das nicht nötig. Der Standort im Winter soll hell, die Temperatur aber nicht über 15 °C sein. Sie darf bis auf 10 °C fallen.
Hohe Luftfeuchtigkeit das ganze Jahr über ist notwendig. Eine Überwinterung des Tees im geheizten Zimmer, möglichst noch über dem Heizkörper, ist kaum möglich. Der chinesische Tee kann als Topfpflanze Temperaturen bis nahe 0 °C ertragen.
Boden, Substrat: Der Tee wächst in den Anbauländern auf den verschiedensten Böden, vom Sandboden bis zum Lehmboden, auch auf steinigem Gelände. Als Topfpflanze geben wir ihm ein humusreiches, durchlässiges Substrat, eine Mischung aus Einheitserde und 1/3 Lehm. Die Erde muß unbedingt kalkfrei sein; der Tee verträgt keinerlei Kalk.

Ein blühendes Blumenrohr im Kleingewächshaus. Aus der Knolle der Pflanzen gewinnt man Stärke.

Gießen: Da die Teepflanze kalkfeindlich ist, kann nur Regenwasser oder chemisch aufbereitetes Wasser verwendet werden. Gegen Schwankungen in der Ballenfeuchtigkeit ist der Tee empfindlich, desgleichen gegen zuviel Nässe. Erst wieder gießen, wenn die Topfoberfläche abgetrocknet ist oder noch besser, wenn das Gewicht des ganzen Topfes zeigt, daß wieder Wasser gebraucht wird. Im Winter mit Wasser sparen, ohne daß der Ballen austrocknet. Besprühen mit kalkfreiem Wasser liebt der Tee sehr.

Düngen: Die beim Kaffee beschriebene Methode der Düngung kann auch beim Tee angewendet werden, sofern es sich um kalkfreies Wasser handelt. Gedüngt wird 14tägig vom Beginn der Vegetationsperiode bis Mitte September.

Reife, Ernte: Schwarzer und grüner Tee stammen von derselben Pflanze, nur die Aufbereitung des Erntegutes ist verschieden. Da dazu Maschinen nötig sind, kann der Liebhaber dieser Pflanzen nicht an die eigene Teeherstellung denken. Um Saatgut zu gewinnen, müssen zumindest 2 Teepflanzen blühen, da der Tee auf Fremdbestäubung angewiesen ist. Zum Fruchtansatz kommt dennoch nur die Hälfte der Blüten. Bis die Samen nach gelungener Befruchtung reif sind, vergehen etwa 12 Monate. Erst wenn die Fruchtkapsel reif ist, springt sie auf und die Samen können entnommen werden.

Vermehrung, Anzucht: Hat man Teesamen bekommen, werden sie aus ihrer Hülle entfernt. Sie ähneln in Form und Größe einer Haselnuß. Um die Keimfähigkeit festzustellen, gibt man die Samen in warmes Wasser. Diejenigen, die untersinken, können zur Aussaat verwendet werden. Reife, gesunde Samen keimen nach 2 bis 4 Wochen. Sie werden in torfhaltiger Erde 1 cm tief gesteckt und bei Temperaturen um 20 °C schattig aufgestellt. Nach Ausbildung der ersten regulären Blätter kann unter sorgfältigster Schonung des Wurzelballens verpflanzt werden.

Blumenrohr
Canna edulis
Familie: Cannaceae

Aus den Knollen der Pflanze wird Stärke gewonnen, die als »Queensland Arrowroot«-Stärke im Handel ist.

> Vom Kapernstrauch werden die Blütenknospen verwendet und in Essig eingelegt verzehrt.

Heimat: Diese *Canna*-Art stammt ursprünglich aus Mittelamerika und dem Norden Südamerikas und wird heute namentlich in Queensland und Hawaii, in MIttelamerika und auf den pazifischen Inseln angebaut.

Pflanze: *Canna edulis* ähnelt der bei uns als Zierpflanze häufig vorkommenden *Canna indica*. Sie wird etwa 2 m hoch und blüht mit den typischen Canna-Blüten. Die Blüten sind gelb-rot gefärbt und wesentlich kleiner als die der Gartenformen von *Canna*. Aus dem krautigen Stiel, der aus ineinandergeschachtelten Blattstielen besteht, wachsen die bananenähnlichen, frisch grünen 12 cm breiten und bis zu 40 cm langen Blätter. Im Boden bilden sich knollige, rötlich gefärbte Rhizome mit gutem Stärkegehalt.

Standort: *Canna edulis* kann sowohl unter Glas als auch im Zimmer kultiviert werden. In den wärmsten Monaten des Jahres ist auch eine Haltung im Freien an einer geschützten Stelle möglich. Temperaturen über 20 °C und Sonnenlicht sind für das Gedeihen wichtig. Die Pflanze kann durch Wasserentzug im Herbst dazu gebracht werden, die oberirdischen Pflanzenteile einzuziehen, d. h. sie welken. Der Topf mit den Knollen (Speicherorganen) wird trokken bei Temperaturen nicht unter 10 °C überwintert. Im Boden eines Gewächshauses ausgepflanzt, entwickelt sich die *Canna* zu imposanten Büschen mit Dauerblüte. Warm und hell unter Glas gehalten, blüht sie auch im Winter. Jeder neu entstehende Stengel blüht nach Abschluß des Höhenwachstums.

Boden, Substrat: *Canna* ist mit jedem humosen, torfangereicherten Boden zufrieden. Sandzusatz, etwa 20 %, sind anzuraten, da die Rhizome bei Dauernässe leicht faulen. Erwünscht ist eine gleichmäßige Bodenfeuchtigkeit. Die Pflanzerde darf besonders im unteren Teil des Pflanztopfes keine Staunässe aufweisen.

Gießen: Canna nützt den Wassergehalt des Bodens restlos aus, daher kann die Topferde zwischen den Wassergaben auch hin und wieder abtrocknen. Ansonsten ist die Pflanze dankbar für kalkfreies Wasser und gleichmäßige Feuchtigkeit. Durch Wasserentzug ab Oktober kann das Laub zum Absterben gebracht werden, falls aus irgendwelchen Gründen im Winter nicht kultiviert werden sollte. Trocken und nicht unter 12 °C aufbewahrt, überstehen die Rhizome die dunkle Jahreszeit.

Düngen: s. *Ipomoea batata*.

Reife, Ernte: Die Rhizome enthalten Stärke. Die Gewinnung geschieht in ähnlicher Weise wie beim Maniok. Stärke von *Canna edulis* wird auch industriell gewonnen.

Vermehrung, Anzucht: Selbstbestäubung ist bei der *Canna* die Regel. Wer besonders viel Samen ernten will, kann mit dem Pinsel nachhelfen. Nach erfolgter Bestäubung wächst die grüne, warzige Samenkapsel. Wenn die Färbung nach braun umschlägt, ist der schwarze, runde Samen reif. Seine Größe beträgt durchschnittlich 3 mm.

Sofern genug Helligkeit und Wärme vorhanden ist, kann zu jeder Jahreszeit ausgesät werden. Die Samen werden nur leicht mit Erde bedeckt, angegossen und hell und warm gestellt. Die Keimung erfolgt innerhalb von 4 Wochen. Selbstverständlich kann die *Canna*

auch durch Teilung der Rhizome vermehrt werden. Wenn erwachsene Pflanzen im Frühjahr geteilt werden, fällt genug Material für diesen Zweck an.

Echter Kapernstrauch
Capparis spinosa
Familie: Capparaceae

Im Handel sind nur die in Essig eingelegten Blütenknospen. Sie werden als Gewürz verwendet.

Heimat: Die Heimat des Kapernstrauches befand sich ursprünglich in Kleinasien. Die Pflanze wurde aber schon von den Römern in den Mittelmeerraum eingeführt. Die Schwerpunkte der Kaperngewinnung liegen heute in Südfrankreich und Nordafrika.

Pflanze: Der Kapernstrauch ist ein niedriger, kaum über 1 m hoher Strauch mit rutenförmigen Zweigen. Diese tragen eiförmige, sukkulente Blätter von graugrüner Farbe. Der Stamm ist ebenfalls sukkulent und wird mit zunehmendem Alter immer dicker, so daß alte Pflanzen eine entfernte Ähnlichkeit mit Kopfweiden aufweisen. Die Blüten sind groß und besitzen 4 rötlichweiße Kronblätter und zahlreiche Staubblätter mit dunkelroten Filamenten. Aus dem langgestielten Fruchtknoten entwickelt sich die keulenförmige Samenkapsel.

Standort: Der Kapernstrauch verlangt unbedingt einen vollsonnigen Standort. Da er Lufttrockenheit verträgt, kann er auch an einem Südfenster im Zimmer gehalten werden. Ein Aufenthalt im Freien in der warmen Jahreszeit sagt der Pflanze sehr zu. Sie ist aber auch so anpassungsfähig, daß sie unter Glas bei einer Luftfeuchtigkeit von über 80 % ebenfalls gut gehalten werden kann.

Bei hoher Luftfeuchtigkeit zeigen die Blätter eine dunkelgrüne Färbung. Diese entsteht dadurch, daß die Kaper keine Wachsschicht auf den Blättern ausbildet, weil sie bei hoher Luftfeuchte keinen Verdunstungsschutz benötigt. Im Winter benötigt der Strauch keine Temperaturen über 12 °C. Das Thermometer soll aber auch nicht unter 8 °C fallen.

Boden, Substrat: Da die Wurzeln des Kapernstrauches in seiner Heimat oft zwischen Steinen wachsen oder über Mauern hängen, was auf ihre Luftbedürftigkeit hinweist, darf der Boden nur sehr leicht sein. Magere Kakteenerde, vermischt mit 50% Quarzsand, sagt den Pflanzen am besten zu. Das Pflanzsubstrat muß die Eigenschaft besitzen, überschüssiges Wasser sofort ablaufen zu lassen.

Gießen: Auf die Dauer verträgt der Kapernstrauch nur kalkfreies Wasser. Dabei darf keinesfalls Staunässe entstehen, da sonst die Wurzeln sofort faulen. Der Strauch stellt uns beim Gießen schon vor einige Probleme. Einmal zuviel gegossen und dazu noch trübes Wetter, schon faulen die Wurzeln. Bewährt hat sich, wenn die Pflanze nach dem Gießen so lange kein Wasser bekommt, bis die Blätter anfangen zu welken. Wenn dann Wasser gegeben wird, erholt sich der Strauch sehr schnell wieder. Man sollte nie vergessen, daß die Kaper als sukkulente Pflanze auf sparsamen Wasserverbrauch eingerichtet ist. Im Winter darf nur eine ganz leichte Ballenfeuchtigkeit erhalten werden.

Düngen: Ein Gemisch aus mineralischem Dünger und Rindermistbrühe, alle 4 Wochen von März bis Dezember gegeben, verhilft zu raschem Wachstum. Ausschließlicher Gebrauch von Mineraldünger ist nicht zu empfehlen, da die Versalzungsgefahr bei Topfkultur oft groß ist und die Wurzeln der Kaper sehr empfindlich sind.

Reife, Ernte: Der Kapernstrauch beginnt nach 2 bis 3 Jahren erstmals zu blühen. Dabei hat sich gezeigt, daß ein Rückschnitt im Herbst die Blühwilligkeit steigert. In der Blütezeit im Sommer werden die Knospen täglich gepflückt, sobald sie Erbsengröße erreicht haben. Nach 2- bis 4stündigem Trocknen werden sie in Essig gelegt. Nach zweimaligem Wechsel der Essiglösung im Abstand von jeweils 8 Tagen sind die Kapern gebrauchsfertig.

Vermehrung, Anzucht: Die Kaper ist selbstfruchtbar und kann mit eigenem Blütenstaub bestäubt werden. Sobald dieser reif ist, d. h. Pulverform aufweist, wird die am langen Stiel stehende Narbe damit betupft. Innerhalb von etwa 4 Monaten entwickelt sich die Fruchtkapsel. Wenn die Farbe von Grün nach Braun umschlägt, sind die Samen reif und die Kapsel kann abgenommen werden. Im darauffolgenden Frühjahr werden diese in den gleichen Boden, in dem die Mutterpflanze steht, ausgesät. Die Samen werden etwa 1/2 cm tief gesteckt und die Gefäße sofort in die volle Sonne gestellt. Die Keimung erfolgt zwischen 14 Tagen und 4 Wochen bei einer Wärme von 20 bis 25 °C.

Der Kapernstrauch kann auch durch Ableger vermehrt werden. Im zeitigen Frühjahr werden geeignete Äste heruntergebogen und mit Erde bedeckt. Die Spitze des Zweiges soll dabei wieder aus dem Boden schauen. Von dem im Boden steckenden Teil des Zweiges werden die Blätter entfernt. Wenn sich

Um Früchte entwickeln zu können, benötigt der Melonenbaum ganzjährig einen warmen, hellen Standort unter Glas.

nach einigen Wochen Wurzeln gebildet haben, kann der Zweig abgeschnitten und als selbständige Pflanze versetzt werden. Auch Stecklingsvermehrung ist möglich. Diese werden vom jungen Ausschlag etwa 10 cm lang geschnitten und in reinen Quarzsand gesteckt. Warm, leicht feucht und hell aufgestellt, sollten sich bis Spätsommer alle Stecklinge bewurzelt haben.

Melonenbaum
Carica papaya
Familie: Caricaceae

Die Früchte werden in den Sommermonaten auf Märkten und in den Obstabteilungen von Kaufhäusern regelmäßig angeboten. Der Melonenbaum wird umgangssprachlich auch als »Papaya« bezeichnet.

Heimat: Die ursprüngliche Heimat des Melonenbaumes ist Mittelamerika. Von dort aus wurde die Pflanze verbreitet. Heute ist sie in den Tropen der ganzen Welt zu Hause.

Pflanze: Die Papaya hat einen 2 bis 6 m hohen, fleischig-holzigen Stamm. Dieser trägt einen Schopf großer, langgestielter, handförmig 7teiliger Blätter. Sie hinterlassen beim Abfallen große Narben. Aus den Blattachseln entspringen bei den männlichen Bäumen langgestielte, rispenartige Blütenstände mit weißen, trichterförmigen Blüten. Die weiblichen Bäume (eigentlich Stauden) tragen größere, kurzgestielte, etwas wächserne Blüten.

Neuerdings gibt es Sorten mit zwittrigen Blüten (Sorte 'Solo'). Aus ihnen entwickeln sich faust- bis melonengroße Früchte mit Birnenform. Im reifen Zustand sind sie hell- oder gelbgrün gefleckt. Das orangerote Fruchtfleisch schmeckt angenehm melonenartig, bisweilen zu süß, da Fruchtsäuren völlig fehlen. In der zentralen Fruchthöhle liegen die zahlreichen, schwarzen Samen, die ungenießbar sind. Die Pflanze wird in den Anbaugebieten nur einige Jahre alt, dann stirbt sie ab.

Standort: Als Bewohner der Tropen verlangt der Melonenbaum ganzjährig einen warmen, hellen Standort unter Glas. Bei Zimmerhaltung übersteht sie den Winter im geheizten Raum nicht, da dort die Luft zu trocken ist. Temperaturen von 25 Grad im Sommer und nicht unter 18 Grad im Winter sagen der Papaya am besten zu. Die Luftfeuchtigkeit sollte nicht unter 60% fallen.

Boden, Substrat: Der Melonenbaum nimmt mit allen Böden vorlieb, nur

Der Kapokbaum entwickelt seine faserigen Fruchthaare nur am Naturstandort, nicht aber in unseren Breiten.

müssen sie durchlässig und gut durchlüftet sein. Dauernässe und stehende Nässe führen in kurzer Zeit zum Absterben der Pflanze.

Gießen: Die »Papaya« verlangt viel Wasser. Trotzdem muß Dauernässe vermieden werden, da sonst leicht Wurzelfäule auftritt. Eine gleichmäßige Ballenfeuchtigkeit ist anzustreben. Die Wassergaben müssen im Winter sehr reduziert werden. Leitungswasser wird auf längere Sicht nicht vertragen. Das Gießwasser sollte im Winter leicht angewärmt sein.

Düngen: In der Vegetationsperiode von April bis September verträgt der Melonenbaum alle 4 Wochen eine Düngergabe. Organischer Dünger ist vorzuziehen, da Mineraldünger auf die Dauer zur Versalzung der Pflanzerde führt.

Reife, Ernte: In den Tropen fruchtet die Staude ganzjährig, unter Glas nur in der warmen Jahreszeit. Nach erfolgter Befruchtung entwickeln sich die Früchte in den folgenden Monaten je nach Sorte zu einer bis kopfgroßen birnenförmigen Frucht. Diese ist reif, wenn sich die Schale gelb verfärbt hat und auf Fingerdruck nachgibt. Früchte, die in der warmen Jahreszeit geerntet werden, sind schmackhafter als solche, die im Winter abgenommen werden. Die Papaya soll nur vollreif abgenommen werden, da sie nicht nachreift.

Vermehrung, Anzucht: Die der Frucht entnommenen, gewaschenen Samen werden auf humose Erde gelegt und etwa 1 cm stark bedeckt. Hell und bei 20 bis 25 °C aufgestellt, erfolgt die Keimung nach 2 bis 4 Wochen.

4 Wochen nach der Keimung können die Jungpflanzen unter Schonung des Wurzelballens versetzt werden. Wenn man nicht die Sorte 'Solo' ausgesät hat, läßt sich erst an den blühenden Pflanzen erkennen, was männliche und weibliche Melonenbäume sind. Von der Aussaat bis zur Blüte vergehen bei guten Wuchsbedingungen etwa 3 Jahre. Die Samen halten, gewaschen und getrocknet, in Gläsern jahrelang.

Kapokbaum (Wollbaum, »Fromager«)
Ceiba pentandra
Familie: Bombacaceae

Der Kapokbaum ist eine Faserpflanze, deren Fruchthaare als Füllmaterial für Matratzen oder Kissen und als Isoliermaterial verwendet werden.

Heimat: Ursprünglich in den warmen Zonen Südamerikas, heute in den Tropen der ganzen Welt angebaut.

Pflanze: Der Kapokbaum ist einer der größten Bäume des Tropenwaldes mit mächtigen Brettwurzeln. Er wird bis 50 m hoch. Die Verzweigung ist stockwerkartig mit 1 bis 1,5 m Zwischenräumen. Im Jugendstadium ist sein Stamm mit kurzen, kegelförmigen Stacheln besetzt. Es gibt aber auch Formen, die keine Stacheln aufweisen. Die gestielten Blätter sind handförmig, mit 5 bis 10 lanzettlichen Blättchen von etwa 2 cm Breite. Diese werden in der Trockenzeit abgeworfen. Zur selben Zeit erscheinen die büschelförmigen Blüten an den äußeren Achsen der Seitenzweige. Sie sind weiß bis gelblich, am Grunde ein wenig purpurn und werden durch den Wind bestäubt.

Aus den Fruchtknoten entwickeln sich Kapseln mit lederartiger bis brauner Schale, etwa 10 bis 20 cm lang und von spindelförmiger Gestalt. Sie enthalten die erbsengroßen, schwarzen Samen inmitten von seidigglänzenden, 1 bis 2 cm langen Fasern. Diese werden für Matratzenfüllungen und vor allem, da sie nicht benetzbar sind, als Isoliermaterial gegen Wasser gebraucht. Zum Spinnen eignen sie sich nicht.

Standort: Der Kapokbaum braucht ganzjährig einen Standort unter Glas bei Temperaturen im Sommer von 25 bis 30 °C und im Winter nicht unter 15 °C. Der Neuaustrieb ist gegen zuviel Sonne zu schützen, ansonsten verträgt er das volle Licht. Auch im Winter muß soviel Helligkeit wie möglich gegeben werden. Der Baum wirft jedes Jahr im Winter seine Blätter ab, entsprechend der Trockenzeit in seiner Heimat. Stellt man ihn, da er blattlos ist, dunkler, kann im Frühjahr der Neuaustrieb ausbleiben.

Boden, Substrat: Kapok braucht einen durchlässigen, humosen Boden mit Sandbeimischung. Die Bodenreaktion soll leicht sauer sein. Wichtig ist, daß überschüssiges Wasser sofort ablaufen kann, da die Pflanze gegen Staunässe sehr empfindlich ist.

Gießen: Im Sommer benötigt der Kapokbaum viel Wasser, Dauernässe muß aber vermieden werden. In der blattlosen Zeit darf nur eine leichte Ballenfeuchtigkeit vorhanden sein. Mehr Wasser wird erst bei Sichtbarwerden des Neutriebes gegeben.

Düngen: Damit die Pflanze ihrer Natur gemäß schnell wachsen kann, benötigt sie alle 3 Wochen einen Dungguß. Dabei kann sie in 3 Jahren bereits 2 m hoch sein. Wird mit Dünger gespart, entwickelt sich eine Hungerform, die mit dem Habitus des Baumes nicht viel gemein hat. Selbstverständlich darf in der blattlosen Zeit nicht gedüngt werden.

Der Johannisbrotbaum hat für uns nur Zierwert.

Reife, Ernte: Kapok kommt in unseren Gewächshäusern nicht zum Fruchten.
Vermehrung, Anzucht: Nur frischer Samen keimt. Dieser wird für wird für 48 Stunden in lauwarmes Wasser von 30 °C gelegt. Samen, der nach dieser Zeit noch an der Wasseroberfläche schwimmt, ist nicht mehr keimfähig. Die Samen werden etwa 1 cm tief in lockere Erde gelegt und schattig bei etwa 25 °C aufgestellt. Sie keimen nach etwa 14 Tagen. Die Sämlinge können pikiert werden, sobald das erste gefingerte Blatt erscheint.

Kapok kann auch durch Stecklinge vermehrt werden. Mit Ausnahme des Gipfels bewurzeln sich alle Stammstücke bei Wärme und Schatten innerhalb von 3 Wochen.

Johannisbrotbaum (»Karobe«)
Ceratonia siliqua
Familie: Leguminosae

Die als Johannisbrot angebotenen länglichen Schoten des Baumes sind zu jeder Jahreszeit zu haben.
Heimat: Der Baum stammt aus Vorderasien und ist vor allem im Mittelmeerraum verbreitet.
Pflanze: In den Mittelmeerländern fallen die düsteren, mit einer ausladenden großen Krone versehenen Bäume in einer sonst vegetationslosen Landschaft auf. Der Johannisbrotbaum trägt immergrüne, gefiederte, harte Blätter. Der Neuaustrieb ist rot und weich. Blüten sind in unserem Klima nicht zu erwarten. Sie sind unscheinbar und in büscheligen Trauben angeordnet. Während der Blütezeit verbreitet der Baum einen bestialischen Gestank.

Die bekannten Johannisbrotschoten enthalten Samen von so gleichmäßigem Gewicht, daß man sie heute noch teilweise, besonders in Kleinasien, als Gewichtseinheit benutzt. Auch die Gewichtsbezeichnung »Karat« ist von dieser Pflanze abgeleitet. Auch bei uns kann man bei guter Pflege mit einer Baumhöhe von 2 m und mehr rechnen.
Standort: Die runden, kleinen, sehr hartlaubigen Blätter des Johannisbrotbaumes lassen schon erkennen, daß der Baum an Hitze angepaßt ist. Deshalb stellen wir ihn so hell und so sonnig wie möglich. Nach den Eisheiligen kann die Pflanze ins Freie, wo sie bis zu den ersten Frösten bleibt. Im Winter benötigt der Johannisbrotbaum einen kühlen, hellen Platz. Dabei darf die Temperatur auch auf 10 °C fallen.

Die als Johannisbrot angebotenen Schoten sind ganzjährig zu haben.

Boden, Substrat: Die Pflanze benötigt einen sehr mageren, durchlässigen Boden, wie ihn etwa Kakteenerde darstellt. Diese Erde soll auch einen gewissen Kalkgehalt aufweisen, da der Baum in seiner Heimat trockene, steinige Hänge bevorzugt.

Gießen: Wie schon erwähnt, ist der Johannisbrotbaum sehr trockenheitsresistent. Deshalb beim Gießen immer etwas Zurückhaltung üben. Es ist noch kein Johannisbrotbaum vertrocknet, wohl aber sind durch gutgemeintes Gießen viele Pflanzen eingegangen. Regenwasser ist gut, aber bei Mangel kann auch Leitungswasser verwendet werden.

Düngen: Da der Johannisbrotbaum langsam wächst, soll man auch mit Dünger sparen, da die Pflanzen sonst allzu mastig werden. Einmal am Beginn der Vegetationsperiode düngen reicht vollkommen aus. Da der Johannisbrotbaum ein umfangreiches Wurzelsystem entwickelt, sollte er immer in größeren Gefäßen stehen, so verfügt er auch über ein umfangreicheres Nährstoffangebot. Im Winter sollte nur eine ganz leichte Ballenfeuchtigkeit aufrechterhalten werden, da der Johannisbrotbaum als trockenheitsresistente Pflanze sonst sofort mit Wurzelfäule reagiert, besonders wenn noch Düngersalzreste im Boden sind.

Reife/Ernte: Da die Karobe in unserem Klima nie fruchtet, erübrigen sich diesbezügliche Aussagen.

Vermehrung, Anzucht: Aus den bläulichen Johannisbrotschoten entnehmen wir die Samen und legen sie auf das schon beschriebene Substrat (s. oben). Sie werden nur ganz wenig mit Erde bedeckt, etwa so hoch, wie die Samen dick sind. Die Topferde wird nun ganz leicht befeuchtet. Das Aussaatgefäß wird in einen Plastikbeutel gesteckt und hell und warm (20 bis 25 °C), aber vor direkter Sonne geschützt aufgestellt. Wenn die Samen nach etwa 3 Wochen aufgehen, ist der Plastikbeutel sofort zu entfernen. Nach dem Vereinzeln die Jungpflanzen sofort in die Sonne stellen.

Ceylonzimtbaum
Cinnamomum verum
(syn. C. zeylanicum)
Familie: Lauraceae

Vom Zimt sind nur seine Produkte, wie Pulver und Stangen aus der Rinde, im Handel, Pflanzen werden nicht angeboten.

Der Zimt benötigt ganzjährig einen Platz im Warmhaus. Er weist auch bei weitem nicht den Würzgehalt in der Rinde auf wie der am Naturstandort wachsende.

Heimat: Der Zimt kommt wild in Vorderindien und Sri Lanka vor. Heute wird er im asiatischen Raum überall da angebaut, wo genügend warmes und feuchtes Klima herrscht.

Pflanze: Die Pflanze ist ein in der freien Natur 10 bis 15 m hoher Baum mit frischgrünen, ovalen, gegenständigen, relativ harten Blättern. In Kultur wird der Zimt strauchförmig gehalten, um die Ernte der Rinde, des eigentlichen Produktes, zu erleichtern. Die Blüten sind klein, weiß und stehen in Dolden. Die Frucht ist eine Beere.

Standort: Aufgrund seiner Herkunft aus feuchtheißen Gebieten gehört der Zimt ganzjährig in ein Warmhaus. Zimmerhaltung und ein Sommeraufenthalt im Freien werden nicht vertragen. Die Temperatur darf im Gewächshaus im Sommer 30 °C und mehr betragen, im Winter sollten 18 °C nicht unterschritten werden. Eine hohe Luftfeuchtigkeit ist unbedingt nötig. Sehr zum gesunden Wachstum trägt tägliches Übersprühen mit temperiertem weichem Wasser bei.

Nur in der heißesten Zeit des Jahres ist leichter Schatten nötig, sonst will der Zimt im vollen Licht stehen. Man muß hierbei bedenken, daß die Lichtintensität in der Heimat der Pflanze viel stärker ist als bei uns. Deshalb sind Angaben, daß der Zimt in seiner Heimat auch unter Beschattung wächst, nicht ohne weiteres auf unsere Verhältnisse übertragbar.

Boden, Substrat: Der Zimtbaum will einen durchlässigen, humosen Boden. In die Pflanzerde, z. B. Einheitserde, kann bis zu einem Drittel Quarzsand (Vogel- oder Aquariensand) gemischt werden. Wichtig ist, daß überschüssiges Wasser leicht ablaufen kann und die Wurzeln viel Luft bekommen. In torfigen Böden, die sich stark zersetzen, fault der Wurzelballen in kurzer Zeit.

Gießen: Der Zimtbaum verlangt eine leicht saure Bodenreaktion, deshalb sollte immer Regenwasser verwendet werden. Er verlangt im Sommer bei hohen Temperaturen reichliche Wassergaben, im Winter nur eine leichte Ballenfeuchtigkeit. Staunässe wird nicht vertragen.

Düngen: Alle 4 Wochen eine Düngergabe in der Zeit von April bis September reicht aus. Zu empfehlen ist auch hier die Mischung aus Rinderdung und Mineraldünger (s. auch Seite 13).

Reife, Ernte: Das Produkt, um dessentwillen Zimt angebaut wird, ist die Rinde der zweijährigen Stockausschläge. Der Zweig wird durch Längs- und Quer-

Die Saure Limette bleibt im Gegensatz zur Zitrone (oben links) auch bei Vollreife grasgrün.

schnitte entrindet. Danach die Rinde über Nacht bei Wärme und Luftfeuchtigkeit fermentiert. Dann werden die äußeren Schichten abgeschabt. Der verbleibende Rest, die inneren Schichten, werden nun an der Sonne getrocknet, wobei sie die bekannte zimtbraune Farbe annehmen. Der unter Gewächshausbedingungen gezogene Zimt weist jedoch bei weitem nicht den Würzgehalt in der Rinde auf, wie der in seiner Heimat wachsende.

Vermehrung, Anzucht: Die Anzucht kann aus Samen, die aber nicht älter als 4 Wochen sein dürfen, auf die übliche Art erfolgen. Im allgemeinen wird der Zimt durch Stecklinge vermehrt. Diese etwa 15 cm langen Triebspitzen werden in reinen Sand gesteckt, mit einer Plastikhülle umgeben, nachdem sie leicht angegossen wurden, und bei Temperaturen zwischen 25 und 30 °C schattig aufgestellt. Im Mai abgenommene Stecklinge sollten im Juli bewurzelt sein.

Saure Limette (Lime)
Citrus aurantiifolia
Familie: Rutaceae

Auf Obstmärkten werden meistens die Früchte der Sorte 'Tahiti', die samenlos sind, angeboten. Pflanzen sind nicht im Handel. Hier ist man auf Selbstimport angewiesen.

Heimat: Die Sorten der Samenlimette werden hauptsächlich auf den westindischen Inseln und in Mexiko angebaut.

Pflanze: *Citrus aurantiifolia* bildet kleine Büsche oder Sträucher mit bedornten Zweigen. Die Blätter sind kleiner als bei den anderen *Citrus*-Arten und weisen keinen geflügelten Blattstiel auf. Die Blüten sind ebenfalls kleiner, weiß mit gelben Staubgefäßen. Sie können mit eigenem Blütenstaub bestäubt werden, d. h. sie sind selbstfruchtbar.

Die Früchte der Sorte 'Tahiti' sind oval und etwa von Eigröße, bei der Sorte 'Mexican' rund. Erstere ist immer samenlos, die zweite Sorte bildet Samen aus, ist aber kaum im Handel. Die Früchte bleiben auch bei Vollreife grasgrün. Aus ihrem Saft wird der bekannte »Lime Juice« hergestellt und nicht etwa aus dem Saft der Zitrone.

Standort: Die Pflanze benötigt ihrer Herkunft gemäß das ganze Jahr über einen warmfeuchten Standort, da sie dem tropischen Klima angepaßt ist. Im Sommer kann es ihr nicht zu warm werden, im Winter soll die Temperatur nicht unter 18 °C fallen. Die Saure Limette kann im Sommer auch unter Glas volles Licht vertragen. Im Winter steht sie am besten mit ihrem Pflanzgefäß auf einem Heizrohr im Gewächshaus, damit im Bereich des Wurzelballens 18 bis 20 °C herrschen. Zimmerhaltung ist nicht möglich, ein Aufenthalt im Freien sagt ihr ebenfalls nicht zu. Aufgrund ihrer Herkunft ist eine hohe Luftfeuchtigkeit für ihr Gedeihen sehr förderlich.

Die Pomeranze ist eine altbekannte Pflanze der einstigen Orangerien. Die Früchte sind zwar zum Frischverzehr nicht geeignet, wohl aber zur Herstellung einer ausgezeichneten Marmelade.

Boden, Substrat: Die Saure Limette ist nicht sehr anspruchsvoll, was ihr Pflanzsubstrat anbelangt. Ein humoser, durchlässiger Boden mit einem Drittel Lehmbeimischung ist das Gegebene.

Gießen: Bei *Citrus aurantiifolia* ist auf eine gleichmäßige Ballenfeuchtigkeit zu achten. Jede Übernässung, eventuell noch verbunden mit niedrigen Temperaturen, kann für die Pflanze tödlich sein. Je mehr Lehmanteil im Boden vorhanden ist, um so vorsichtiger muß gegossen werden. Die Citrus-Gewächse weisen alle hartes Laub auf, ein Hinweis, daß sie auch mit wenig Wasser auskommen können, wobei natürlich ein Austrocknen der Topferde auch schädlich ist. Im Winter sollte das Gießwasser, am besten Regenwasser, angewärmt sein.

Düngen: Alle vier Wochen eine Düngergabe vom Vegetationsbeginn bis Ende September hat sich als günstig erwiesen. Das relativ späte Ende des Düngens rührt daher, daß die Pflanze bei guter Pflege voller Früchte hängt, daher viel Nährstoffe braucht, damit kein schädlicher Fruchtfall eintritt. Das gilt für alle *Citrus*-Arten.

Reife, Ernte: Um die Weihnachtszeit und später können die ersten sauren Limetten geerntet werden. Man kann die Früchte auch so lange hängenlassen, bis sie von selbst abfallen. Sie sind auch reif sehr sauer und werden im allgemeinen zur Saftgewinnung herangezogen.

Vermehrung, Anzucht: Man kann es, wie bei den anderen *Citrus*-Arten beschrieben, mit Stecklingen versuchen, die Ergebnisse sind aber nicht berauschend. Sollte man einen Steckling in einem botanischen Garten erwischen, muß dieser schon luftfeucht und warm transportiert werden. In keimfrei gemachten Quarzsand gesteckt und schattig bei 25 bis 30 °C gehalten, wobei auch der obligate Plastikbeutel nicht fehlen darf, kann versucht werden, den Steckling zur Wurzelbildung zu veranlassen. Bessere Ergebnisse verspricht das Veredeln auf eine in Trieb befindliche Unterlage, z. B. die Bitterorange *(Poncirus trifoliata)*.

Pomeranze (Bittere Orange) Citrus aurantium ssp. aurantium
Familie: Rutaceae

Pomeranzen sind im Handel kaum oder nicht zu haben. Ihre Fruchtschalen werden zur Herstellung von Marmelade, Orangeat und Likören verwendet.

Heimat: Ursprünglich aus dem nordindischen Raum stammend, kam die Pomeranze schon sehr früh nach Europa und wurde sehr viel in den fürstlichen Orangerien gehalten.

Pflanze: Die Pomeranze kann ein sehr stattlicher Strauch oder kleiner Baum von einigen Metern Höhe werden. Sie hat ebenfalls die von allen *Citrus*-Arten bekannten, relativ harten Blätter. Auch sie besitzen Öldrüsen. Die Blüten sind klein, weiß und duften. Nach der Bestäubung mit eigenem Blütenstaub entwickeln sich im Laufe des Jahres kleine, orangefarbige Früchte mit einer rauhen, grubigen, sehr dicken Schale. Die Äste und Zweige der Pomeranze weisen je nach Exemplar mehr oder weniger Dornen auf.

Standort: Da die Pomeranze wenig kälteempfindlich ist, steht sie am besten ab den Eisheiligen bis zu den ersten Frösten im Freien an einer sonnigen, warmen Stelle. Der Platz sollte windgeschützt sein. Wenn die Pomeranze auch sehr viel Tolerarnz gegenüber Temperatursprüngen aufweist, zu heiß kann es ihr kaum werden. Im Winter verlangt sie einen hellen Standort, dessen Temperaturen möglichst 5 °C nicht übersteigen.

Boden, Substrat: Die Pomeranze verlangt den gleichen Boden wie die anderen *Citrus*-Arten, wenngleich sie auch in schwerem Boden fortkommt.

Gießen: Die Pflanze verlangt eine gleichmäßige Ballenfeuchtigkeit. Trokkenheit nimmt sie nicht so schnell übel wie die anderen *Citrus*-Arten. Im Winter wird nur eine leichte Ballenfeuchtigkeit erhalten. Wenn sich die Blätter leicht zu rollen beginnen, wird wieder gegossen.

Düngen: Bei der Pomeranze kann mit Dünger gespart werden, sonst schießt sie zu üppig ins Kraut und wird schnell die Größe einer Liebhaberpflanze sprengen. Da sie auch nie soviel Früchte wie die Kultursorten ansetzt, kann auf eine allzu gute Ernährung verzichtet werden.

Reife, Ernte: Von einer größeren Pflanze kann ein Ertrag von einigen Pfund pro Jahr erwartet werden. Zum Frischverzehr sind die Früchte nicht geeignet, wohl aber zur Bereitung einer ausgezeichneten Marmelade. Die berühmte englische Orangenmarmelade wird aus Bitteren Orangen hergestellt und nicht etwa aus Apfelsinen. Außerdem kann die dicke Schale zur Zubereitung von Orangeat verwendet werden.

Vermehrung, Anzucht: Pflanzen und Samen sind kaum erhältlich, aber wenn eine veredelte Pflanze eingeht, sollte man, wenn möglich, die Unterlage austreiben lassen. Viele Edelsorten sind je nach Herkunft auf *Citrus aurantium* veredelt.

> Selbstgezogene Zitronen übertreffen im Aroma und in der Saftfülle bei weitem die Handelsware.

Myrtenblättrige Mandarine
Citrus aurantium var. myrtifolia
Familie: Rutaceae

Als Frucht ist die myrtenblättrige Mandarine nicht im Handel. Pflanzen werden manchmal in Gartenzeitschriften angeboten.
Heimat: Die myrtenblättrige Mandarine kann überall da angebaut werden, wo andere Mandarinen auch wachsen. Zu Erwerbszwecken wird sie nicht gezogen.
Pflanze: Die Pflanze bildet einen kleinen Strauch oder Busch mit ganz dicht an den Zweigen aufeinandersitzenden Blättern. Diese sind oval, nur 2 cm lang und ebenso breit. Die kleinen Blüten sind weiß, geruchlos und selbstfruchtbar. Die tischtennisballgroßen gelbroten Früchte hängen teilweise dicht nebeneinander an den Zweigen.
Standort: s. Zitrone *(Citrus limon)* Seite 43.
Boden, Substrat: s. Zitrone Seite 43.
Gießen: s. Zitrone Seite 43.
Düngen: s. Zitrone Seite 43.
Reife, Ernte: Die Früchte sind um die Weihnachtszeit reif und werden roh verbraucht.

Spielarten, die zum Teil erhebliche kommerzielle Bedeutung haben, sind Kreuzungen zwischen Mandarine und Grapefruit mit den Sortennamen 'Orlando' oder 'Mineola' und Kreuzungen zwischen Tangerinen ('Clementine') und Orangen. Die bekannteste Sorte heißt 'Temple'.

Für den Liebhaber von Citruspflanzen ist es noch wichtig zu wissen, daß 'Clementinen' selbstunfruchtbar sind, d.h., sie benötigen den Blütenstaub anderer *Citrus*-Arten mit Ausnahme der Orangensorte 'Washington Navel', die pollensteril ist. Der Blütenstaub der 'Washington Navel' kann weder die Blüten der eigenen Sorte, noch die Blüten anderer *Citrus*-Arten befruchten.
Vermehrung, Anzucht: Durch Aufpropfen von Edelreisern auf geeignete Unterlagen.

Zitrone (Sauerzitrone, Limone)
Citrus limon
Familie: Rutaceae

Früchte gibt es ganzjährig zu kaufen, da und dort auch einmal eine Pflanze im Topf.
Heimat: Ursprünglich in China beheimatet, wurde die Zitrone von den Arabern nach Europa gebracht. Heute wird sie in den Subtropen der ganzen Welt angebaut.

Pflanze: Der Zitronenbaum liegt in der Größe zwischen dem Orangen- und dem Mandarinenbaum. Auch er hat ledrige, mit Öldrüsen versehene Blätter. Die Blüten sind rosa angehaucht und duften sehr stark. Blütezeit ist wie bei den anderen *Citrus*-Arten in unserem Klima das Frühjahr. Außerdem treibt die Zitrone nach der Hauptblüte noch Blüten nach, so daß an einem Baum reife und unreife Früchte sowie Blüten zu sehen sind.

Der Baum wechselt während des ganzen Jahres seine Blätter. Einzelne Zweige werden ganz kahl, diese Zweige treiben dann besonders gerne Blüten, also nicht abschneiden. Bei zu radikalem Rückschnitt wird kein besserer Blütenansatz erreicht, sondern der Baum treibt auf der Oberseite der Zweige nur eine Menge Wasserschosse. Die Früchte der Zitrone können ohne Qualitätseinbuße bis zu einem halben Jahr am Baum bleiben.

Standort: Die Zitrone bevorzugt einen hellen, sonnigen Standort. In unserem Klima hält man die Zitrone am besten ganzjährig unter Glas, weil sich nur so das Aroma am besten entwickelt. Wer weniger Wert auf große, geschmacklich einwandfreie Früchte legt, stellt die Zitrone an einen sonnigen, aber windgeschützten Platz, da der Baum gegen starken Wind empfindlich ist. Im Winter steht der Zitronenbaum an einem hellen, kühlen Platz bei höchstens 10 °C.

Boden, Substrat: s. Grapefruit *(Citrus × paradisii)* Seite 48.

Gießen: Um eine gute Ernte zu erzielen, ist bei der Zitrone auf eine reichliche Bewässerung während der Vegetationszeit zu achten. Regenwasser ist auch hier das beste. Dazwischen soll der Wurzelballen aber soweit abtrocknen können, daß nur noch eine leichte Feuchtigkeit erhalten bleibt. Hier heißt es aufpassen, denn die Zitrone reagiert sehr schnell auf Trockenheit und wirft dann die Früchte ab. Im Winter genügt eine leichte Feuchtigkeit, gerade soviel, daß sich die Blätter nicht zu rollen beginnen und dann abfallen.

Düngen: Es ist logisch, daß eine Pflanze, die Früchte produzieren soll, viele Nährstoffe braucht. Deshalb verabreichen wir der Zitrone in der Vegetationsperiode bis zu zweimal in der Woche einen Dungguß in Form einer Jauchebrühe. Auch die Zitrone ist gegen Salzanreicherungen im Boden empfindlich, deshalb ist Naturdünger zu empfehlen. Das Düngen wird spätestens Ende August wieder eingestellt, auch wenn der Baum noch treiben sollte. Man riskiert sonst die Blüte des nächsten Jahres.

Reife, Ernte: Die ersten reifen Früchte einer Ernte sind in der Regel bis Weihnachten zu erwarten. Da die Früchte der Zitrone auch reif bis zu einem halben Jahr am Baum hängen, hat man bis in den Sommer frischgepflückte Zitronen. Ein 6- bis 8jähriger Baum kann schon 15 bis 25 Pfund liefern. Diese Früchte übertreffen im Aroma und in der Saftfülle bei weitem die Handelsware. Die größte jemals von mir geerntete Zitrone wog 350 g.

Vermehrung, Anzucht: Die Zitrone wird im allgemeinen auf Unterlagen veredelt. Halbreife Stecklinge des letzten Triebes können auf einer Länge von etwa 20 cm abgenommen werden. Sie

Die Calamondinorange wird inzwischen häufig als Zierpflanze angeboten.

sollten knapp unter einer Knospe geschnitten werden. Mit Wurzelfix versehen, werden sie in eine humose Erdmischung gesteckt, mit einer Plastikhülle umgeben und schattig und warm gestellt. Nicht jeder Steckling geht an, nach etwa 8 Wochen sollten aber die ersten Würzelchen sichtbar sein. Im Spätsommer gesteckte Zweige treiben oft erst im nächsten Frühjahr aus. Solange der Steckling grün ist, lebt er und kann treiben. In Gartencentern werden Zitronenbäumchen schon des öfteren angeboten.

Calamondinorange
Citrus madurensis
Familie: Rutaceae

Als Zierpflanze wird die Calamondinorange ganzjährig in Gartencentern oder Blumengeschäften angeboten.

Heimat: Ostasien

Pflanze: Es handelt sich um eine höchstens 1,50 m hoch werdende Orangenart mit kleinen, orangefarbigen, pflaumengroßen Früchten. Das Laub ist glänzend grün und eirund. Die Blüten sind klein und duften, ihre Farbe ist weiß. Die Pflanze trägt regelmäßig und sehr stark. Am gleichen Strauch treten Blüten, unreife und reife Früchte zugleich auf.

Standort: Die Calamondinorange benötigt einen hellen, aber nicht zu warmen Platz. Sie kann nach den Eisheiligen ins Freie und bleibt dort bis zu den ersten Nachtfrösten stehen. Im Freien wird volle Sonne gut vertragen. Im Winter will die Calamondinorange einen hellen, aber kühlen Platz. In einem geheizten Zimmer ist es ihr zu warm. Ein Platz im Treppenhaus oder in einem ungeheizten Zimmer ist das richtige, bis sie im Frühjahr wieder in den Garten oder auf den Balkon gestellt wird.

Boden, Substrat: Die Calamondinorange benötigt einen humosen, sehr lockeren und luftigen Boden. Auf eine Beimischung von Lehm sollte besser verzichtet werden. Lauberde, aber nur wenig Torf, der viel Wasser im Pflanzgefäß speichert, ist die richtige Mischung.

Gießen: Nach eigenen Beobachtungen reagiert kaum eine andere *Citrus*-Art so empfindlich auf Bodennässe wie die Calamondinorange. Deshalb ist große Zurückhaltung beim Gießen zu empfehlen. Eine leichte Ballenfeuchtigkeit das ganze Jahr über bekommt der Pflanze am besten. Auch die Verwendung von Regenwasser ist dringend anzuraten, da die Pflanze sehr schnell zur Gelbfärbung der Blätter neigt. Wenn man im Zweifel ist, ob gegossen werden soll, lasse man es bleiben. Von Trockenschaden treiben Citruspflanzen sehr schnell wieder aus, während bei zuviel Nässe die Wurzel fault und die Pflanze stirbt.

Düngen: Um einen guten Fruchtbehang zu bekommen, ist eine wöchentliche Düngung vom Frühjahr bis in den September hinein angebracht. Um einmal ein ungefähres Maß anzugeben: In eine 8-l-Kanne mit Wasser gebe ich etwa eine faustgroße Menge Rinderdung hinein und lasse das Ganze etwa 2 Tage stehen. Vor Gebrauch gut umrühren. Diese Mischung hat noch keiner Pflanze geschadet und man vermeidet auf jeden Fall Wurzelschäden, wie sie eventuell bei Verwendung von industriell hergestelltem Dünger auftreten können. Bei der hier beschriebenen Art zu düngen ist die Geruchsbelästigung minimal.

Reife, Ernte: Die Ernte der kleinen Früchte kann während des ganzen Jahres erfolgen. Die Früchte schmecken sehr herb und eignen sich nicht für den Frischgenuß. Es läßt sich aber eine gute Konfitüre daraus herstellen.

Vermehrung, Anzucht: Die Pflanzen werden durch Veredlung vermehrt. Da der Handel aber regelmäßig Jungpflanzen anbietet, ist eine Ersatzbeschaffung nicht schwierig. Nach eigenen Erfahrungen ist die Kultur der Calamondinorange nicht leicht und verlangt viel Einfühlungsvermögen und Beobachtungsgabe.

Riesenorange (Pampelmuse, Pomelo)
Citrus maxima (syn. C. grandis)
Familie: Rutaceae

Heimat: Pampelmusen sind besonders in Südost-Asien in vielen Formen verbreitet. Pampelmusen werden als Früchte in guten Fachgeschäften oder auf Obstmärkten angeboten. Pflanzen sind nur selten im Handel. In Gartenzeitschriften werden hin und wieder neben anderen *Citrus*-Arten auch Jungpflanzen der Pampelmuse angeboten.

Pflanze: Die Pampelmuse wird in der Heimat ein verhältnismäßig großer Baum von 6 bis 8 m. Seine Blätter sind die größten aller *Citrus*-Arten. Bei etwa 12 cm Länge und bis 8 cm Breite weisen sie einen sehr breiten Blattstiel auf, der förmlich ein zweites Blatt vortäuscht. Die wie bei allen *Citrus*-Arten im Frühjahr erscheinenden Blüten werden bis markstückgroß und fast wächsern hart. Sie sind selbstfruchtbar und können mit eigenem Blütenstaub bestäubt werden. Aus den Fruchtknoten entwickeln sich

bis kinderkopfgroße Früchte, die sich bei Reife gelb färben. Die Fruchtschale ist sehr dick und löst sich relativ leicht vom Fruchtfleisch, das einen leicht bitteren Geschmack hat, der etwa zwischen Grapefruit und Brombeere liegt.
Standort: Die Pflanze kann in unserem Klima nur im Warmhaus gehalten werden. Einen Sommeraufenthalt im Freien verträgt sie nicht gut. Das Wachstum kommt zu oft ins Stocken. Da sie auf hohe Luftfeuchtigkeit angewiesen ist, kann sie auch nicht im Zimmer gehalten werden. Die Temperaturen sollten im Sommer bis 30 °C und mehr steigen, wobei in der heißesten Zeit leicht schattiert werden sollte, um Verbrennungen der Blätter und Früchte zu vermeiden. Im Winter verlangt die Pampelmuse Mindesttemperaturen nicht unter 15 °C, wobei der Wurzelballen nur leicht feucht gehalten werden darf. Sie braucht ganzjährig viel Licht.
Boden, Substrat: Die Pflanze wächst problemlos in einem Boden, wie er bei *Citrus aurantiifolia* beschrieben worden ist. Um wirklich kopfgroße Früchte ernten zu können, muß die Pampelmuse ins Grundbeet des Gewächshauses ausgepflanzt werden.
Gießen: Ausgepflanzt erhält die Pampelmuse bei jedem Gewitterregen einige Kannen Regenwasser. Sie hilft sich dann 2 bis 3 Wochen selbst weiter. Als Topfpflanze gehalten, muß auf gleichmäßige Ballenfeuchtigkeit geachtet werden. Tägliches Besprühen trägt sehr zum Wohlbefinden der Pflanze bei.
Düngen: s. Saure Limette (*Citrus aurantiifolia*) Seite 40.
Reife, Ernte: Die Früchte sind reif, wenn sie eine kanariegelbe Färbung angenommen haben und die Schale leichtem Druck nachgibt. Pampelmusen können roh verzehrt werden. Die erforderliche Süße erlangen sie nur, wenn die Früchte viel Sonne bekommen.
Vermehrung, Anzucht: Edelreiser können im August auf Unterlagen der Bitterorange *(Poncirus trifoliata)* mittels T-Schnitt veredelt werden. Ansonsten sei auf die Inserate in Fachzeitschriften verwiesen.

Zitronatzitrone
(Zedratzitrone)
Citrus medica
Familie: Rutaceae

Die Frucht ist nur sehr selten auf Großmärkten zu finden.

Die Riesenorange (ganz links) entwickelt nahezu kinderkopfgroße Früchte. Die Zitronatzitrone (links) ähnelt eher der Zitrone. Durch Kandieren der Schale entsteht das bekannte Zitronat.

Heimat: Heute kommt der Baum besonders häufig in Sizilien und Griechenland vor. Seine ursprüngliche Heimat liegt in Asien.
Pflanze: Die Zitronatzitrone ähnelt in Größe und Wuchsform der Zitrone. Die Früchte unterscheiden sich allerdings durch eine sehr dicke, warzig runzlige Schale. Das Fruchtfleisch ist kaum ausgebildet.
Standort: s. Zitrone *(Citrus limon)* Seite 43.
Boden, Substrat: s. Zitrone Seite 43.
Gießen: s. Zitrone Seite 43.
Düngen: s. Zitrone Seite 43.
Reife, Ernte: Die reifen Früchte können den Winter über geerntet werden. Sie sind für den Frischgenuß nicht geeignet. Durch Kandieren der Schale, die zuerst in Salzwasser, dann in Zuckersirup eingelegt wird, entsteht Zitronat.
Vermehrung, Anzucht: Die Möglichkeit eigener Anzucht besteht nicht. Jungpflanzen kann man sich nur in den Anbauregionen bei den dortigen Baumschulen besorgen.

Grapefruit
Citrus × paradisii
Familie: Rutaceae

Früchte gibt es ganzjährig zu kaufen.
Heimat: Die Grapefruit sind auf den Westindischen Inseln entstanden und heute weltweit in den Subtropen verbreitet.
Pflanze: Diese *Citrus*-Art kann ein bis zu 10 m hoher Baum werden. In unserem Klima erreicht er selten mehr als 3 m. Die Grapefruit hat mit Öldrüsen versehene, glänzende Blätter mit einem verbreiterten Blattstiel, der förmlich ein zweites Blatt vortäuscht. Diese *Citrus*-Art ist in der Lage, an einem geeigneten Standort während des ganzen Jahres Blüten zu treiben. Diese sind weiß oder rosa angehaucht, duften sehr stark und hängen in traubenförmigen Büscheln (Name) oft am Ende der Neutriebe. Sie produzieren soviel Pollen, daß oft eine einzige abgetrennte Blüte genügt, um die Narben der meisten anderen Blüten des Baumes damit zu versorgen. Man kann ohne weiteres Blüten abnehmen, da der Baum von den befruchteten Blüten eines jeden Büschels nur zwei bis drei behält. Bei der Größe der Früchte eine verständliche Schutzmaßnahme.
Standort: Die Grapefruit kann in unserem Klima nur unter Glas gezogen werden. Man kann sie zwar in den wärmsten Monaten ins Freie stellen, aber infolge ihres größeren Wärmebedarfes läßt die Ausbildung der Früchte zu wünschen übrig. Der Standort muß also hell und sonnig sein. Im Winter braucht die Grapefruit einen hellen Platz, an dem die Temperatur nicht unter 10 °C fallen soll.
Boden, Substrat: Der Boden soll, wie bei den meisten *Citrus*-Arten, humos sein und etwas Lehm enthalten. Bei der Größe der Pflanze ist die Verwendung von Pflanzenkübeln sehr zu empfehlen.
Gießen: Die Grapefruit braucht, ihrer Größe entsprechend, während der Ausbildung der Früchte viel Wasser, da diese bei Wassermangel leicht strohig werden. Regenwasser ist auch hier das beste. In den Gießpausen aber immer wieder trockener halten, um Schäden an der Wurzel zu vermeiden.

Düngen: Um gute, schwere Früchte zu erzielen, braucht die Grapefruit natürlich viel Nährstoffe. Ein Dungguß mit im Wasser aufgelöstem Naturdünger alle 8 Tage beantwortet die Pflanze mit verstärktem Wachstum. Mineraldünger ist nicht zu empfehlen, da die Grapefruit gegen Salzanreicherungen im Boden sehr empfindlich ist. Die Düngergaben sollen gegen Ende August eingestellt werden, um ein Ausreifen des Holzes zu erreichen. Wächst die Pflanze nämlich bis in den Winter – das gilt für alle *Citrus*-Arten –, so leidet der Blütenansatz des darauffolgenden Jahres.
Vermehrung, Anzucht: Bei der Grapefruit gilt das Gleiche wie bei der Mandarine *(Citrus reticulata,* (s. Seite 49).
Reife, Ernte: siehe Mandarine Seite 48.

Mandarine
Citrus reticulata
Familie: Rutaceae

Mandarinen sind im Herbst und im Winter überall im Handel.
Heimat: Ihre Urheimat ist Südostasien. Heute sind Mandarinen in den zahlreichen Spielarten weltweit verbreitet.
Pflanze: Die Mandarine ist im Verhältnis zur Orange kleiner und hat kleinere, weidenähnliche Blätter. Die Zweige weisen einen etwas hängenden Wuchs uaf. Die Blüten sind entsprechend kleiner, weiß und ebenfalls duftend. Auch die Mandarine kann, wie die Orange, mit dem eigenen Blütenstaub befruchtet werden. Da sie bei uns kaum über 2 m hoch wird, ähnelt sie mehr einem Strauch als einem Baum.

Standort: Hell und sonnig, aber in nur wirklich warmen Sommern soll die Mandarine ins Freie. Das sie weit kleiner als die Orange bleibt, läßt sie sich im großen Kübel leicht transportieren. Im Winter verlangt die Mandarine einen hellen, aber relativ kühlen Platz (nicht über 10 °C). Die Blätter werden, Schädlingsbefall oder Wurzelkrankheiten ausgeschlossen, während des ganzen Jahres gewechselt. Blattlos gewordene Zweige sollte man nicht abschneiden, hier entstehen gerne Blüten, solange der Zweig gesund und grün ist.
Boden, Substrat: Die Mandarine bevorzugt einen leichteren Boden als die Orange; sie kommt auch ohne Lehmanteile im Boden gut fort. Wichtig ist auch hier die gute Durchlüftung des Pflanzsubstrates. Mit Torfbeimischung sollte man vorsichtig sein, da die Mandarine länger dauernde Nässeperioden schnell übelnimmt und mit Wurzelfäule reagiert.
Gießen: Regenwasser ist wiederum das beste. In den Gießpausen sollte nicht nur die Oberfläche des Topfes oder des Kübels abtrocknen, sondern auch das Innere des Wurzelballens, was durch Anheben des Pflanzkübels zu prüfen ist.
Düngen: Um einen guten Fruchtertrag zu bekommen, ist eine regelmäßige Nährstoffversorgung wichtig. In der Vegetationsperiode kann in 8tägigen Abständen ein Dungguß gegeben werden. Die Mandarine wirft bei Nährstoffmangel alle Früchte ab. Während des Winters ist auf die Erhaltung einer ganz leichten Ballenfeuchtigkeit zu achten.
Reife, Ernte: Wenn im Frühjahr nach erfolgreich verlaufener Befruchtung die Früchte wachsen, kann im allgemeinen,

je nach Sonnenscheindauer und Wärmesumme, ab November mit den ersten reifen Mandarinen gerechnet werden. Ein 5 bis 8 Jahre alter Strauch liefert dann um 5 kg Früchte. Unter Glas bildet sich das Aroma und der Zuckergehalt am besten aus. Mandarinen halten sich nicht reif am Baum, sie müssen, im Gegensatz zur Zitrone, sofort bei Reife gepflückt werden.
Vermehrung, Anzucht: Stecklingsvermehrung hat sich bei der Mandarine nicht bewährt, hier muß auf eine Unterlage veredelt werden. Manchmal kann auch Abmoosen zum Ziel führen. Um zu Jungpflanzen zu kommen, sollte man, besonders in den Frühjahrsmonaten, Gartenzeitschriften studieren. In dieser Jahreszeit bieten einige wenige Firmen Citruspflanzen an.

Apfelsine (Orange)
Citrus sinensis
Familie: Rutaceae

Orangen sind heute ganzjährig auf dem Markt.
Heimat: Orangen sind wahrscheinlich in China entstanden. Heute werden sie weltweit in den Subtropen angebaut.
Pflanze: Die Orange ist ein kleiner Baum oder Strauch von 3 bis 5 m Höhe. Die Blätter sind relativ hart, ledrig und mit zahlreichen Ölzellen versehen. Die weißen, wachsartigen, mit 5 Blütenblättern versehenen Blüten duften sehr angenehm. Dornen kommen sporadisch mehr oder weniger vor.

Die Orange ist so gut wie immer veredelt. Je nach ihrer Herkunft werden verschiedene Unterlagen verwandt, obwohl man von manchen Sorten weiß, daß sie auch aus Samen sortenrein wiederkommen. Nach der Befruchtung, die unter Glas oder im Zimmer von Hand erfolgen muß, entwickeln sich im Lauf des Sommers die Früchte, die im Herbst umfärben und reif werden. Haben sie genug Sonne erhalten, sind sie süß und stehen der Handelsware nicht nach.

Die Orange, d. h. eigentlich alle *Citrus*-Arten, sollen nicht oder nur sehr schonend beschnitten werden, da der Baum darauf mit verstärktem Austrieb von Wasserschossen reagiert.
Standort: Orangenbäume können nach den Eisheiligen an eine warme, sonnige Stelle gebracht werden, wo sie bis zum Spätherbst verbleiben. Je mehr Sonne der Baum bekommt, um so besser. Dabei muß die Gewöhnung an die Sonne im Frühjahr sehr vorsichtig geschehen. Im Winter ie Orange hell und kühl stehen, wobei die Temperaturen bis auf 5 °C fallen dürfen. Auf keinen Fall darf sie zu warm stehen, denn Kurztag und tiefere Temperaturen induzieren viele Blüten.
Boden, Substrat: Das Pflanzsubstrat soll humos sein, aber zu einem Drittel mit Lehm vermischt werden. Orangen kommen auch in schwerem Boden noch fort, aber in diesem Fall steigt die Schalendicke der Früchte sehr an. Je schwerer der Boden, um so dicker die Schale der Früchte. Beimischung von kalkfreiem Sand ist sehr anzuraten, um den Boden luftig zu machen. Die Wurzel der Orange, wie auch aller anderen *Citrus*-Gewächs lebt in Symbiose mit einem Pilz, der ihr die Nährstoffe zugänglich macht. Diese Zusammenar-

Kokospalmen werden mitunter in der abgebildeten Form in Gartencentern angeboten.

beit ist aber nur in einem Boden möglich, der durchlüftet ist.
Gießen: Die Orange braucht während der Vegetationsperiode viel Wasser. Regenwasser ist einmal mehr das Beste. Danach soll der Boden aber wieder abtrocknen, um den oben erwähnten Luftaustausch nicht zu gefährden. Um zu kontrollieren, ob die Pflanze Wasser braucht, hebt man am besten den Topf oder Kübel an und prüft am Gewicht, ob der Boden abgetrocknet ist oder nicht. Diese Kontrolle ist nötig, da alle Orange sehr empfindlich gegen zuviel und zu lang andauernde Nässe ist. Im Winter darf nur soviel Wasser gegeben werden, daß eine ganz leichte Ballenfeuchtigkeit erhalten bleibt. Wer im Zweifel ist, ob gegossen werden muß oder nicht, lasse es bleiben.
Düngen: Um ein gutes Ernteergebnis zu erzielen, braucht die Orange viel Nahrung. Die besten Ergebnisse werden mit Naturdünger erzielt, da alle *Citrus*-Arten gegen Salzanreicherungen im Boden sehr empfindlich sind.

Aber Vorsicht vor Mist aus Intensivtierhaltungen. Wenn im Dünger Antibiotikareste vorhanden sind, können diese auch die Pflanzen umbringen, da Antibiotika jegliches Bodenleben abtöten.

Die Düngergaben werden während der Wachstumszeit alle vierzehn Tage gegeben. Am besten in Wasser auflösen und mit dem Gießwasser ausbringen. Ab Mitte August mit dem Düngen aufhören, damit die Triebe noch ausreifen können.

Reife, Ernte: Veredelte Orangen tragen ab dem 2. bis 3. Standjahr von Jahr zu Jahr mehr, so daß ein 10jähriger Baum schon um die 20 bis 30 Pfund Früchte liefern sollte. Reife Früchte fallen im Herbst bzw. Winter ab. Man kann sie auch abnehmen, wenn die Schale durchgefärbt ist oder die Frucht dem Daumendruck nachgibt.
Vermehrung, Anzucht: Bei Orangen kann Stecklingsvermehrung versucht werden. Reife Stecklinge, kenntlich am abgerundeten Holz, werden im Frühjahr in reinen Quarzsand gesteckt und bei etwa 20 bis 25 °C an schattiger Stelle aufgestellt. Nicht jeder Steckling geht an, aber nach 4 bis 8 Wochen sollte die Wurzelbildung einsetzen. Mit Wurzelfix geht es schneller. Auch Abmoosen führt manchmal zum Ziel. Aus Samen gezogene Orangen werden im allgemeinen nach 6 Jahren zum erstenmal blühen, allerdings weiß man hier eben nicht, wer der andere Elternteil war und welche Früchte sich letztendlich entwickeln werden.

Kokospalme
Cocos nucifera
Familie: Palmae

Kokosnüsse werden ganzjährig angeboten. In Gartencentern gibt es sporadisch gekeimte Nüsse als Grünpflanzen mit 1 bis 2 Keimblättern. Diese Pflanzen haben bereits eine Höhe von über 1,5 m.
Heimat: Über die Heimat der Kokospalme herrscht unter den Wissenschaftlern noch keine Einigkeit. Einige vertreten die Meinung, die Kokospalme käme aus Südamerika, andere glauben an eine Herkunft aus dem Raum der Südseeinseln. Heute ist die Pflanze im Tropen-

gürtel der Erde zuhause. Hier besiedelt sie vorwiegend die Küstenregionen.

Pflanze: In ihrer Heimat bildet die Kokospalme schlanke, unverzweigte Stämme bis zu 30 m Höhe. Die Spitze bildet einen Schopf aus 30 bis 50 Fiederblättern, die über 5 m lang werden können. In den Blattachseln entstehen die rispigen Blütenstände mit einigen tausend männlichen, und sehr viel weniger weiblichen Blüten.

Da die männlichen Blüten zuerst aufblühen und schon verblüht sind, wenn sich die weiblichen Blüten öffnen, ist stets Fremdbefruchtung nötig, um Früchte zu erzielen. Die Kokosnuß braucht 8 bis 9 Monate zur Reife.

Standort: Die Palme braucht ganzjährig einen sehr hellen Standort unter Glas. Jeglicher Schatten während des Tages ist von Nachteil. Temperaturen zwischen 25 und 30 °C während des Sommers sagen der Kokospalme zu. Auch im Winter darf die Wärme nicht unter 20 °C fallen, was besonders für den Wurzelbereich zu beachten ist.

Die bei uns angebotenen, keimenden Kokospflanzen werden vom Handel oft als ideale Zimmerpflanzen angeboten. Das sind sie keineswegs. Infolge ihres hohen Lichtbedarfes ist es der Kokospalme im Zimmer viel zu dunkel. Auch fehlt ihr die lebensnotwendige hohe Luftfeuchtigkeit. Im Sommer mag sie noch halbwegs durchkommen, im Winter geht sie mit Sicherheit ein. Auch bei optimaler Unterglaskultur ist der Pfleger froh, wenn sich die Schäden in Grenzen halten. Künstliche Beleuchtung in den dunkelsten Monaten erleichtert die Pflege wesentlich.

Boden, Substrat: Am besten kommt die Kokospalme in einer Pflanzerde fort, die je zur Hälfte aus gut verrotteter Lauberde und Lehm besteht. Beim Umpflanzen in einen neuen Behälter muß man größte Vorsicht walten lassen, daß die Nuß nicht von den Wurzeln getrennt wird, da der Nährstofftransport in diesem Alter noch durch die Nuß läuft. Wenn der Topf aufgefüllt ist, sollte man noch vorsichtig mit einem Hölzchen nachstoßen, da die Palme festes Pflanzen liebt.

Gießen: Die Kokospalme wünscht im Wurzelbereich eine gleichmäßig leichte Feuchtigkeit. Diese soll auch im Winter erhalten bleiben. Gegen Salzanreicherungen im Boden ist sie nicht besonders empfindlich. Auf nicht der Raumtemperatur angepaßtes Gießwasser reagiert die Pflanze mit einer Wachstumsstokkung. Dies ist besonders im Winter wichtig, da die fleischigen Wurzeln stark fäulnisanfällig sind.

Düngen: Die Palme braucht nicht sehr stark gedüngt werden, da sie sonst bald die Maße eines Kleingewächshauses sprengt. Einmal im Frühjahr und dann wieder im Sommer düngen genügt für ein gebremstes Wachstum. Wir können diese Palme nur im Jugendstadium pflegen und dort müssen wir sie so lange wie möglich halten.

Reife, Ernte: Da die Kokospalme bei uns nicht fruchtet, entfallen Anweisungen.

Vermehrung, Anzucht: Wir haben nur zwei Möglichkeiten. Entweder wir erwerben eine fertige Jungpflanze, oder wir versuchen, eine Nuß zum Keimen zu bringen.

Dazu kaufen wir im Sommer eine mittelgroße Kokosnuß, bei der man beim Schütteln deutliche Gluckergeräusche hört. Die Nuß wird in einen angefeuchteten Kunststoffbeutel gelegt und am First des Gewächshauses an einer schattigen, aber hellen Stelle aufgehängt. Man achte darauf, daß kein Pilzbefall auftritt.

Die Keimung kann ein halbes Jahr oder länger dauern und nicht jede Nuß geht an. Die Wurzeln wachsen zunächst unter der Faserschicht und brechen erst dann nach außen durch. Mit dem Umpflanzen hat es keine Eile. Erst wenn die Nuß ganz von weißen Wurzeln umsponnen ist, soll verpflanzt werden.

Kaffeestrauch (Kaffee)
Coffea arabica
Familie Rubiaceae

Kaffeepflanzen werden in größeren Fachgeschäften angeboten. Von der Anzucht aus gekauftem Samen sollte man absehen, da Kaffeesamen seine Keimfähigkeit nach etwa 4 Wochen verloren hat, der angebotene Samen aber meistens älter ist. Botanische Gärten geben manchmal einige Kaffeekirschen ab.

Am besten gedeiht ein Kaffeebäumchen im Gewächshaus.

zweige. Sie verströmen einen jasminartigen Duft. Die Blüte erstreckt sich meist nur auf wenige Stunden, wobei der Strauch wie beschneit aussieht. Aus dem Fruchtknoten entwickelt sich die in der Regel zweisamige Kaffeekirsche, die zuerst grün, bei der Reife dunkelrot wird. Diese Reifezeit dauert in unserem Klima etwa 12 Monate.

Standort: Der Kaffeestrauch hat sich zu einer idealen Zimmerpflanze für ein helles Ost- oder Westfenster entwickelt. In guten Sommern kann er auch an einer warmen, geschützten Stelle im Freien stehen. Am meisten Wachstum zeigt er jedoch ausgepflanzt in einem Gewächshaus bei Temperaturen von 18 bis 25 °C. Am Zimmerfenster wie im Gewächshaus benötigt der Kaffee als ursprüngliche Unterholzpflanze des Waldes in den Sommermonaten einen leichten Rohrschattenschutz. Im Winter begnügt er sich mit Temperaturen unter 20 °C, auch bis 15 °C darf die Wärme heruntergehen. Sehr günstig wirkt sich eine höhere Luftfeuchtigkeit aus. Bei Zimmerhaltung sollte der Strauch im Winter in einen kühleren Raum gebracht werden, zumindest sollte er nicht über dem Heizkörper stehen.

Heimat: Die Heimat des wilden Kaffeestrauches ist Abessinien. Heute wird der Kaffee weltweit angebaut. Südamerika und Afrika sind die Hauptanbaugebiete.

Pflanze: Der Kaffee ist ein kleiner Baum oder Strauch, dessen Wildform bis 6 m hoch, in Kultur aber niedriger gehalten wird, um die Ernte zu erleichtern. Er hat gegenständig angeordnete, kurzgestielte, glänzende, ledrige Blätter von länglich-ovaler Gestalt. Die Seitenzweige haben einen etwas hängenden Wuchs.

Die reinweißen Blüten stehen zu 5 bis 15 in den Blattachseln der Seiten-

Boden, Substrat: Der Kaffee ist angewiesen auf einen humosen, durchlässigen Boden, Einheitserde, zusätzlich vermischt mit einem Viertel Torf, ist das Richtige. Die Bodenreaktion muß im sauren Bereich liegen.

Gießen: Der Kaffeestrauch benötigt zum flotten Wachstum eine gleichmäßige Ballenfeuchtigkeit. Im Winter muß er bei niedrigeren Temperaturen trockener gehalten werden. Regenwasser oder enthärtetes Wasser ist auf die Dauer un-

abdingbar, da der Kaffee Kalk im Gießwasser nicht verträgt. Sehr zum freudigen Gedeihen trägt häufiges Absprühen mit kalkfreiem Wasser bei.
Düngen: Am besten hat sich bei meinen Bäumen organischer Dünger bewährt. Auf eine 10 l fassende Gießkanne mit Regenwasser kommen 1 bis 2 Handvoll Dung. Diese Mischung wird nach Umrühren 24 bis 48 Stunden stehengelassen und ist dann nach erneutem Aufrühren gebrauchsfertig. Damit wird der Kaffee von Vegetationsbeginn an alle 14 Tage bis Ende August gegossen. Freudiges Wachstum, dunkelgrüne Blätter und bei entsprechendem Alter reiche Blüte sind die Folge.
Reife, Ernte: Ab dem 3. Standjahr beginnt der Kaffeestrauch mit der Blüte. Um eine reiche Ernte zu erhalten, ist es empfehlenswert, den Blütenstaub mit einem weichen Pinsel von einer Blüte auf die andere zu übertragen. Nach etwa einem Jahr sind die Kaffeekirschen, von denen jede zwei Samen, eben die Kaffeebohne enthält, reif. Sie weisen dann eine dunkelrote Färbung auf. Wer sich die Mühe machen will, kann die Samen aus den Früchten entfernen, waschen, trocknen und dann in einer kleinen Pfanne unter Zugabe von ganz wenig Öl und schwacher Hitze dunkelbraun rösten. Kaffee aus eigener Ernte zu trinken, ist doch etwas nicht ganz Alltägliches. Auch bei der Saatgewinnung sollen die Bohnen aus den Kirschen entfernt werden.
Vermehrung, Anzucht: Die Pflanze wird aus Samen und durch Stecklinge vermehrt. Frischer Samen wird aus der Kaffeekirsche geschält, dabei das an der Bohne anliegende Silberhäutchen nicht vergessen, denn dieses behindert zunächst sonst den Wasserzutritt.

Das gleiche Substrat, in dem auch die Mutterpflanze steht, kann zur Aussaat verwendet werden. Die Samen werden flach, etwa 1 cm tief gesteckt und mit Erde bedeckt. Frische Saat geht nach etwa 5 bis 6 Wochen auf. Sobald sich nach den Keimblättern das zweite Blattpaar gebildet hat, kann das erste Mal verpflanzt werden.

Bei der Stecklingsvermehrung werden im Frühjahr Weichholzstecklinge des Gipfeltriebes, etwa 15 cm lang, in torfige Erde gesteckt und bei 20 bis 25 °C schattig und mit einer Kunststoffolienhülle versehen aufgestellt. Die Basis der Triebspitzen soll bereits etwas verholzt sein. Am Steckling werden nur die jüngsten Blätter belassen. Nach einigen Wochen sollten sie bereits bewurzelt sein. Zur Stecklingsvermehrung können nur die Spitzen der Mitteltriebe verwendet werden, da nur sie den aufrechten Wuchs beibehalten. Spitzen der Seitenzweige behalten ihre seitliche Wuchsrichtung lebenslang bei. Man kann mit ihnen hübsche Ampelpflanzen erzielen.

Taro
Colocasia esculenta
Familie: Araceae

Weder Pflanzen noch Produkte aus Taro sind bei uns auf dem Markt.
Heimat: Ursprünglich in Indien und auf den Inseln des Sunda-Archipels beheimatet, wird der Taro heute in der gesamten Tropenzone angebaut.

Der Taro benötigt als tropische Sumpfpflanze ein feuchtwarmes Klima und verlangt deshalb einen Standort ganzjährig unter Glas.

Pflanze: Der Taro bildet einen knollig verdickten unterirdischen Stamm. Diesem Rhizom entspringen mehrere riesige Blätter, die langgestielt sind und je nach Art 1,5 bis 2 m lang werden können. Sie sind von dunkelgrüner Farbe mit sichtbarer Aderung. Die Blüte ähnelt der des bekannten Aronstabes. Während der Wachstumszeit bilden sich eine 1 bis 3 kg schwere Hauptknolle und mehrere kleine Tochterknollen. Diese stärkereichen Knollen sind der eigentlich nutzbare Teil der Pflanze. Junge Blätter und Blattstiele werden in den Anbauländern auch als Gemüse gegessen.

Standort: Der Taro benötigt als tropische Sumpfpflanze ein feuchtwarmes Klima. Zu heiß kann es ihm in unseren Breiten nicht werden. Er verlangt eine Kultur ganzjährig unter Glas, eine Haltung im Zimmer oder im Freien ist nicht möglich. Lediglich in besonders heißen Sommern kann der Taro von Juli bis August an einen geschützten warmen Platz, etwa an eine sonnenbeschienene Hauswand, gebracht werden. 25 bis 30 °C sagen der Pflanze am besten zu.

Im Herbst zieht der Taro ein. Das Pflanzgefäß mit der Knolle wird bis zum Frühjahr an einem Platz trocken aufbewahrt, an dem die Temperaturen nicht unter 15 °C fallen sollen.

Um die Bildung großer Blätter zu ermöglichen, ist ein freier Standort unbedingt nötig. Ein ausgewachsener Taro mit seinen riesigen Blättern ist eine prächtige, ungemein dekorative Pflanze.

Boden, Substrat: Taro ist als ursprüngliche Sumpfpflanze an einen sehr feuchten, ja nassen Boden angepaßt. Die Pflanzerde sollte frei von Torf sein. Sandiger Lehm hat sich als sehr günstig erwiesen. Taro ist eine der wenigen Nutzpflanzen, die auch langandauernde Überstauung des Bodens durch Wasser aushält.

Düngen: Bei Triebbeginn kann wöchentlich eine im Wasser aufgelöste Düngergabe gegeben werden. Um möglichst große Blätter zu erzielen, ist neben Wärme und viel Licht eine gute Ernährung wichtig. Durch Auflösen von organischem Dünger im Wasser kann der Taro direkt in einer Nährlösung stehen. Ab August wird die Düngung eingestellt, um ein Ausreifen der Knollen zu ermöglichen.
Reife, Ernte: Taro wird seiner Knollen wegen geerntet. Diese werden gekocht wie Kartoffeln. Da Taroknollen viel Calciumoxalatkristalle enthalten, empfiehlt es sich, das Kochwasser einmal zu wechseln. Taro ist sehr kohlehydratreich. Junge Blätter und Blattstiele können gekocht als Gemüse gegessen werden. Es empfiehlt sich aber, dem Kochwasser etwas Soda zuzusetzen, um die Calciumoxalatkristalle zu zerstören.
Vermehrung, Anzucht: Tochterknollen einer ausgewachsenen Pflanze werden als Pflanzgut verwendet. Diese können nur in den Anbaugebieten erworben werden oder ein botanischer Garten gibt einige Knollen ab. Diese werden im Frühjahr in einen Topf mit Pflanzerde gelegt. Der Topf oder noch besser der Kübel darf kein Wasserabzugsloch haben. Das Pflanzgut wird einige Zentimeter unter die Erdoberfläche gebracht und sofort warm und hell gestellt. Dabei kann die Erde von Anfang an sehr feucht gehalten werden. Nach dem Austrieb sollte der Wasserstand die Knollenoberfläche nicht mehr ganz erreichen.

Zum Gießen vom Beginn des Wachstums bis zum Gelbwerden der Blätter kann der Taro im Wasser kultiviert werden. Ebenfalls ist eine Kultur im Topf oder Kübel in ständig feuchter Pflanzerde möglich. Leitungswasser verträgt der Taro auf die Dauer nicht.

Gelbwurzel (Kurkuma) Curcuma longa
Familie: Zingiberaceae

Getrocknete und vermahlene Kurkumaknolle ist ein Bestandteil des Currypulvers und unter anderem auch für dessen gelbe Farbe verantwortlich. Der Farbstoff aus dem Rhizom wird industriell zur Färbung von Lebensmitteln und in der Textil- und Lederindustrie verwendet.
Heimat: Kurkuma stammt ursprünglich aus dem südasiatischen Raum. Heute wird die Pflanze in Indien, China und in den tropischen Gebieten Südostasiens angebaut.
Pflanze: Aus einem knolligen Rhizom entspringen langestielte, krautige Blätter. Sie werden etwa 40 cm lang und 10 cm breit und sind von sattgrüner Farbe. Sie weisen eine deutliche Aderung auf. Die Pflanze erreicht eine Höhe von 1/2 m. In unserem Klima sterben die oberirdischen Teile im Spätherbst ab, die Knollen treiben im Frühjahr wieder aus.
Standort: Kurkuma kann sowohl unter Glas als auch in der wärmsten Jahreszeit an einem sonnigen Platz im Freien gehalten werden. Zimmerkultur ist nicht möglich, da die Gelbwurz eine hohe Luftfeuchtigkeit verlangt. Bei trockener Luft werden die Blätter stark von der Roten Spinne (Spinnmilbe) befallen. Volle Sonne wird vertragen, in

Blüte der Gelbwurzel. Verwendet wird jedoch die Knolle, die getrocknet und gemahlen dem Curry die gelbe Farbe verleiht.

den heißesten Tagen des Jahres muß unter Glas leichter Schatten gegeben werden, da die krautigen, weichen Blätter sonst Brandflecken bekommen. Nach der Reife der Rhizome im Herbst sterben die Blätter ab, die Knollen werden im Pflanzgefäß trocken und nicht unter 12 °C überwintert.

Boden, Substrat: Die Gelbwurz verlangt einen durchlässigen, humosen Boden mit gutem Wasserabzug. Wie alle Nutzpflanzen mit knolligen Rhizomen wird Dauerfeuchtigkeit oder Staunässe nicht vertragen. Ausnahme ist Taro *(Colocasia esculenta,* s. Seite 55). Die Pflanze wächst zufriedenstellend in Einheitserde. In schwerem, lehmhaltigem Boden verholzen die Rhizome früher.

Gießen: Kurkuma liebt eine gleichmäßige, leichte Ballenfeuchtigkeit vom Frühjahr bis in den Herbst. Ab Oktober wird nur noch soviel Wasser gegeben, daß die Pflanzerde nicht völlig austrocknet. Dies läßt sich am besten durch eine Gewichtskontrolle durch Hochheben des Topfes erreichen. Wenn die vergilbten Blätter entfernt sind, bleibt die Topferde trocken bis zum Umpflanzen im Frühjahr.

Düngen: Die Gelbwurz erweist sich für Dunggüsse alle 4 Wochen sehr dankbar. Man kann auch Mineraldünger verwenden, da die Pflanzerde ohnedies jedes Jahr erneuert wird und somit Salzanreicherungen im Boden kaum auftreten. Leitungswasser verträgt die Gelbwurz auf die Dauer nicht; besser ist enthärtetes Wasser oder Regenwasser.

Reife, Ernte: Kurkuma ist ein scharf und brennend schmeckendes Gewürz, ähnlich dem Ingwer. Die Rhizome werden aus dem Boden genommen, gereinigt und gekocht. Anschließend werden die Rhizome getrocknet und gemahlen. Die schöne gelbe Farbe entwickelt sich beim Kochen. Kurkuma gibt dem Currypulver seine typische Farbe. In den Vereinigten Staaten wird Kurkuma auch als Einzelgewürz angeboten. Currypulver besteht aus mindestens 9 Bestandteilen: Kurkuma, Ingwer, Cardamon, Koriander, Kümmel, Muskat, Nelken, Pfeffer und Zimt.

Vermehrung, Anzucht: Die Kurkuma wird aus Rhizomen oder Rhizomteilen vermehrt, die beim Umpflanzen anfallen. Eine Beschaffung von Pflanzmaterial ist zur Zeit nur in den Anbauländern oder in einem botanischen Garten mit einer Nutzpflanzenabteilung möglich. Die Knollen werden nur leicht mit Erde bedeckt und sofort warm bei 20 bis 25 °C hell aufgestellt. Pflanzzeit ist das frühe Frühjahr. Die ersten Triebe werden nach 3 bis 4 Wochen sichtbar.

Die Erdmandel, ein Riedgrasgewächs, war schon den alten Ägyptern bekannt. Die nußartig schmeckenden Knöllchen können roh, gekocht oder geröstet verzehrt werden.

Erdmandel (Chufa)
Cyperus esculentus
Familie: Cyperaceae

In den Mittelmeerländern preßt man aus den Erdmandeln ein gutes Speiseöl. In Spanien wird aus den gekochten Knollen ein milchartiges Getränk hergestellt (Horchata), das nach Zusetzen von Aromastoffen und Gewürzen getrunken oder als Speiseeis genossen wird. Bei uns sind Erdmandeln nicht im Handel.

Heimat: Die Pflanze war schon den alten Ägyptern bekannt. Heute wird sie im südlichen Mittelmeergebiet, in Westafrika, Südwestafrika, Indien und Brasilien angebaut.

Pflanze: Die Erdmandel ist ein Riedgrasgewächs. An dünnen, unterirdischen Ausläufern entstehen etwa eichelgroße Knöllchen. Die Pflanze bildet keinen Samen, so daß die Weiterkultur durch Aussaat dieser Knollen erfolgt. Die Blätter sind grasartig, 20 bis 40 cm lang.

Standort: Die Pflanze ist einjährig. Sie kann sowohl am hellen Südfenster wie auch an einem geschützten Platz im Freien gehalten werden. Regenschutz ist nur in nassen Sommern notwendig. Eine Überwinterung braucht nicht ins Auge gefaßt zu werden, da die Erdmandel jedes Frühjahr neu angezogen wird.

Boden, Substrat: Die Erdmandel verlangt einen leichten, mit Sand vermischten, humosen Boden. Die Bodenreaktion soll nach der sauren Seite tendieren.

Gießen: Die Erdmandel sollte mit Regenwasser gegossen werden, Leitungswasser verträgt sie auf die Dauer nicht. In Gegenden, wo die Wasserhärte weniger als 10 °dH beträgt, kann auch Leitungswasser verwendet werden. Dauernässe verträgt die Erdmandel nicht, kurzzeitige Trockenheit zwischen den Wassergaben ist von Vorteil. Staunässe führt zu Wurzelfäule.

Düngen: Da die Erdmandel infolge ihres dichten Standes im Pflanzgefäß viel Nahrung braucht, wird sie alle 14 Tage gedüngt. Hierbei kann auch ein mineralischer Volldünger verwendet werden, da die Pflanze gegen Salzgehalt im Boden nicht besonders empfindlich ist.

Reife, Ernte: Im Oktober–November kann die Ernte der Sproßknollen erfolgen. Dazu wird der gesamte Horst aus dem Topf genommen. Die Knollen sind reif, wenn ihre Haut einen braunen Farbton angenommen hat. Sie werden vom Gras getrennt, dunkel, kühl und trocken aufbewahrt und im darauffolgenden Jahr zur Aussaat verwendet. Die oberirdischen Teile wandern auf den Kompost.

Vermehrung, Anzucht: Die im Herbst gesammelten Saatknollen werden ab März ziemlich dicht in das Pflanzgefäß gesteckt, in dem sie die ganze Vegetationsperiode über verbleiben. Verpflanzen nach erfolgter Keimung unterbleibt. Die ersten Sproßspitzen erscheinen nach etwa 3 bis 4 Wochen, die Vegetationsdauer beträgt in unserem Klima 6 bis 8 Monate.

Unten links: Die Baumtomaten ähneln im Geschmack auch tatsächlich unseren Tomaten.

Unter rechts: Die Yamswurzel bildet in den Achseln der Blattstiele Knollen bis zu 1 kg Gewicht.

Baumtomate
Cyphomandra betacea
Familie: Solanaceae

Samen der Baumtomate sind ganzjährig in Gartenfachgeschäften erhältlich.
Heimat: Nördliches Südamerika
Pflanze: Die Baumtomate wird als erwachsene Pflanze in unserem Klima etwa 2 m hoch. Sie hat große, herzförmige, dunkelgrüne Blätter. Die ersten Jahre bildet die Baumtomate mehr ein grünes Kraut, erst nach und nach verholzen die Pflanzenteile.

Nach etwa 3 Jahren bildet sie die ersten Blüten. Sie sind rosa-weißlich und hängen an einem rispigen Blütenstand nach unten. Daraus entwickeln sich Früchte, die in Größe und Form Hühnereiern gleichen. Die Farbe der reifen Früchte ist ein tiefes, purpurfarbenes Rot.

Alle Teile der Pflanze haben einen unangenehmen Geruch, der aber nur auftritt, wenn man die Pflanze anfaßt oder Teile von ihr abbricht.
Standort: Die Baumtomate eignet sich sowohl für die Zimmer- als auch für die Glashauskultur. Obwohl die Pflanze nicht allzu empfindlich ist, sollte man sie nicht ins Freie stellen, da sie infolge ihrer großen Blätter bei rauhem Wetter leicht Schaden nimmt. Topfkultur ist

dem Auspflanzen vorzuziehen, da sie dann nicht so schnell zu üppig wird. Die Baumtomate soll vor Sonne geschützt werden, ein halbschattiger Platz ist am besten. Die großen Blätter sind sehr empfindlich gegen Sonnenlicht, wenn die Pflanze unter Glas gehalten wird. Im Winter kann die Baumtomate im geheizten Zimmer bleiben. Es sagt ihr aber auch ein heller, kühler Raum zu, wenn die Wassergaben entsprechend reduziert werden.
Boden, Substrat: Die Baumtomate stellt keine besonderen Ansprüche an den Boden. Normale Einheitserde genügt vollkommen.
Gießen: Je nach Temperatur verdunsten die großen Blätter mehr oder weniger Wasser. Daher kann es sogar nötig sein, an heißen Tagen morgens und abends zu gießen. Im Winter soll, abhängig von der Raumtemperatur, nur eine leichte Ballenfeuchtigkeit erhalten bleiben.
Düngen: Eine 14tägige Düngergabe ist bei der Baumtomate ausreichend, da die Pflanze bei zu guter Stickstoffversorgung blühfaul wird und nur ins Kraut schießt.
Reife, Ernte: Wenn die roten Früchte dem Fingerdruck nachgeben, können sie abgenommen werden. Sie werden roh verzehrt oder in der Küche wie Tomaten verwendet, denen sie im Geschmack in etwa gleichen.
Anzucht: Die aus den Früchten gewonnenen Samen werden auf humoses Substrat gelegt und nur leicht mit Erde bedeckt. Mit einer Folienhaube versehen, wird der Topf bei etwa 20 °C schattig gestellt. Die Keimung erfolgt zwischen 14 Tagen und 3 Wochen. Dabei soll nur eine leichte Feuchtigkeit im Topf vorhanden sein. Sobald die Keimblätter sich entfaltet haben, ist die Abdeckung zu entfernen.

Yamswurzel (Bulbenyams, Yam)
Dioscorea bulbifera
Familie: Dioscoreaceae

Hierzulande sind weder Knollen noch Pflanzen erhältlich.
Heimat: Hunderte von Arten sind in allen tropischen und zum Teil auch subtropischen Klimazonen der ganzen Welt beheimatet. Etwa 10 von ihnen werden für die menschliche Ernährung angebaut.
Pflanze: Alle *Dioscorea*-Arten sind Kletter- oder Schlingpflanzen. Sie besitzen einen mehrere Meter langen, krautigen Stengel. Die Blätter sind groß, meistenteils wechselständig, herzförmig und zum Teil sehr schön gezeichnet. Die Blüten sind klein und stehen in lockeren Trauben. Sie sind zweihäusig oder einhäusig zerteilt an der Pflanze.

In den Achseln der Blattstiele bilden sich bei manchen Arten Knollen bis zu 1 kg Gesamtgewicht. Sie haben das Aussehen von Kartoffeln. Der nutzbare Teil ist die im Boden gebildete Wurzelknolle. Diese kann unter günstigen Verhältnissen über 1/2 m lang und bis zu 20 kg schwer werden.
Standort: Bulbenyams kann nur unter Glas bei Temperaturen über 20 °C kultiviert werden. Eine Ausnahme macht *Dioscorea batatas*, die auch bei Temperaturen zwischen 15 und 20 °C gedeiht. Die hier beschriebene *Dioscorea bulbi-*

fera benötigt volles Sonnenlicht, nur in der heißesten Jahreszeit kann leicht schattiert werden. Die Luftfeuchtigkeit soll hoch sein, auch Werte über 80% schaden nicht. Bulbenyams kann auch in den Sommermonaten nicht ins Freie. Zimmerkultur ist nicht möglich. In ausgebauten Blumenfenstern, die gute Wachstumsbedingungen bieten, wird die Pflanze zu umfangreich.

Im Spätherbst werden die Blätter gelb, die Pflanze zieht ein und die oberirdischen Teile werden abgeschnitten. Die im großen Topf oder Kübel verbleibende Wurzelknolle wird, ohne sie herauszunehmen, trocken und nicht zu kalt beiseitegestellt. Sie treibt im Frühjahr neu eingetopft wieder aus.

Boden, Substrat: Die Yamswurzel benötigt einen durchlässigen, humosen Boden mit Lehmanteil. Schwere, zur Verfestigung neigende Pflanzsubstrate sind ungeeignet, da bei auftretender Staunässe die Wurzeln des Yams sofort faulen. Einheitserde mit einem Zusatz von kalkfreiem Sand oder Schaumstoffflocken mit einem Anteil bis zu einem Fünftel haben sich gut bewährt.

Gießen: Bulbenyams benötigt zum Wachsen ausreichende Feuchtigkeit, aber keinesfalls Nässe. Die Pflanzen nutzen den Wassergehalt des Bodens restlos aus und sie wachsen selbst dann noch, wenn andere Pflanzenarten schon welken. Bulbenyams ist empfindlich gegen Dauernässe; der Boden soll zwischen den Wassergaben fast austrocknen. Der Wassergehalt der Topferde läßt sich ganz gut durch Hochheben des Topfes prüfen. Kalkhaltiges Leitungswasser wird auf die Dauer nicht vertragen.

Düngen: Da die Yamswurzel in kurzer Zeit eine große Blattmasse bildet, ist sie für einen Dungguß aus organischem Dünger im Abstand von 14 Tagen vom Austrieb bis Ende August sehr dankbar. Hier wie bei allen anderen beschriebenen Pflanzen, die in Töpfen oder Kübeln stehen, ist die organische Düngung vorzuziehen, um Salzanreicherungen durch Mineraldünger zu vermeiden. Es ist ausgesprochen selten, daß irgendwelche Mangelerscheinungen oder Nachteile festzustellen sind.

Reife, Ernte: Nach 9 bis 11 Monaten sind die Knollen erntereif. Sie werden geerntet und wie Kartoffeln verwendet. In Afrika ist ein Brei aus gestampften und gekochten Yamsknollen, auch »Fufu« genannt, eines der Hauptgerichte. In Scheiben geschnitten und geröstet liefert Bulbenyams Chips. Die beim Bulbenyams in den Blattachseln sich bildenden Knollen werden nicht verzehrt.

Vermehrung, Anzucht: Bulbenyams wird durch Stecklinge oder durch kleinere Saatknollen vermehrt. Die Achselknollen können ebenfalls zur Vermehrung benutzt werden. Wenn die Hauptknolle zu groß wird, kann der obere Teil abgeschnitten und nach dem Abtrocknen der Schnittwunde ebenfalls wieder eingepflanzt werden.

Das Antreiben der Knollen kann bereits ab Mitte Februar erfolgen, um dem Bulbenyams in unserem Klima eine ausreichend lange Vegetationsperiode zu ermöglichen. Die Knollen werden in ihrem Pflanzgefäß nur ganz knapp mit Erde bedeckt, leicht angegossen und sofort hell und warm gestellt. Der Austrieb erfolgt nach 3 bis 5 Wochen. Jede

Das Fruchtfleisch der Kakipflaume ist saftig, süß und von der Konsistenz der Tomate.

Pflanze muß als Kletterhilfe einen Stab oder eine vom Gewächshausdach herunterhängende Schnur bekommen. Die Pflanze angelt sich diese selbst und windet sich nach oben.

Wurzelknollen vom vergangenen Jahr werden von der alten Erde befreit, tote Wurzeln entfernt und die Knolle in neuen Boden gepflanzt. Hell und warm gestellt, treiben sie noch schneller aus als die Achselknollen.

Kakipflaume
Diospyros kaki
Familie: Ebenaceae

Die Früchte der Kakipflaume sind im Herbst und Winter erhältlich.
Heimat: Ursprünglich in China und Japan beheimatet, werden heute weltweit in den Subtropen angebaut.
Pflanze: Der Kakibaum erreicht in den Anbaugebieten die Größe eines Apfelbaumes. Er besitzt große, spitzovale Blätter mit einer Oberfläche wie gegerbtes Leder. Die großen, gelblichweißen Blüten sitzen in den Blattachseln und öffnen sich im Frühjahr. Sie können mit eigenem Blütenstaub bestäubt werden.
Standort: Der Kakibaum gehört nach den Eisheiligen ins Freie an einen sonnigen, möglichst windstillen Ort. Dort bleibt er bis zu den ersten Frösten stehen. Da die Pflanze im Herbst die Blätter abwirft, genügt im Winter ein mäßig heller Platz. Die Temperatur sollte dort 5 °C nicht übersteigen. Da der Kakibaum an trockene Luft angepaßt ist, kann er auch an einem hellen Zimmerfenster gezogen werden.
Boden, Substrat: Als Pflanzsubstrat hat sich am besten ein Mittelding zwischen torfhaltiger Erde und Kakteenerde bewährt. Also eine Erde, die nicht zu nährstoffreich ist und überschüssiges Wasser leicht ablaufen läßt.

Gießen: Der Kakibaum ist ziemlich trockenheitsresistent, daher sollte man mit der Wasserversorgung sehr vorsichtig sein. Erst wenn der Topf oder Kübel fast ausgetrocknet ist, wird wieder Wasser gegeben, dann aber ausgiebig. Regenwasser ist auch hier vorzuziehen. Da der Baum im Winter laublos ist, darf nur eine ganz leichte Ballenfeuchtigkeit aufrechterhalten werden.

Düngen: Solange der Baum seine Blühreife nicht erreicht hat, genügt alle 4 Wochen ein Dungguß. Bei Fruchtansatz muß auf eine Düngung alle 14 Tage übergegangen werden. Ab Ende August werden die Düngergaben ganz eingestellt.

Reife, Ernte: Bis zum Winter entwickeln sich apfelgroße Beeren, die bei Vollreife eine tief orangerote Färbung annehmen. Das Fruchtfleisch ist saftig, süß und von der Konsistenz einer Tomate. Der Baum bietet im Herbst in den Anbauländern einen eigenartigen Anblick, da nach dem Laubfall die Früchte alle noch an den Zweigen hängen.

Vermehrung, Anzucht: Die bei uns angebotenen Früchte sind alle samenlos und fallen daher für die Anzucht von

Die Ölpalme darf bei uns nur ausnahmsweise einmal ins Freie. **Sonst benötigt sie ganzjährig einen hellen Standort im Warmhaus.**

Jungpflanzen aus. Hier kann man sich nur helfen, indem man auf einer Reise nach Italien oder in die Schweiz Pflanzen besorgt. Mehrere Gärtnereien im Tessin haben ständig mehr oder weniger große Pflanzen auf Lager. Man muß sie aber selbst holen, da diese Firmen nicht in die Bundesrepublik versenden.

Ölpalme
Elaeis guineensis
Familie: Palmae

Früchte (Samen) der Ölpalme sind bei uns in der Regel nicht erhältlich. Ganz wenige, auf tropische Sämereien spezialisierte Firmen bieten sporadisch Ölpalmensamen an.

Heimat: Über die ursprüngliche Heimat der Ölpalme gibt es noch keine einhellige, wissenschaftlich fundierte Meinung. Teils werden die tropischen Länder Südamerikas, teils die entsprechenden Klimazonen Afrikas vermutet. Heute wird sie weltweit zwischen dem 10. Grad südlicher und nördlicher Breite angebaut.

Pflanze: Die Ölpalme hat einen schlanken Stamm, der im Alter bei Kulturpalmen 15 bis 20 m, bei wildwachsenden Arten bis 30 m hoch werden kann. 20 bis 30 mehrere Meter lange Fiederblätter bilden die Krone. Der Blattfuß bleibt nach Abstoßen der Blätter noch mehrere Jahre am Stamm haften, ehe auch er abgestoßen wird. Erst dann wird der Stamm glatt. Dieser kann einen Durchmesser bis 60 cm erreichen.

Standort: Die Ölpalme benötigt ganzjährig einen hellen Standort in einem Warmhaus. Dort kann es ihr im Sommer nicht zu heiß werden. Im Winter soll die Temperatur nicht unter 18 °C fallen. Als ausgesprochen tropische Palme gedeiht sie am besten in einem heißen und feuchten Klima. Zimmerkultur ist nicht möglich und auch in einem noch so heißen Sommer gedeiht sie nicht im Freiland. Trotzdem soll sie unter Glas während der Sommermonate leichten Schatten erhalten, da ihre Blätter sonst Verbrennungen aufweisen. Die Durchschnittstemperatur soll um 25 °C betragen. Wichtig für das Gedeihen der Ölpalme, das sei betont, ist eine hohe Luftfeuchtigkeit.

Boden, Substrat: Die Pflanze braucht lockeren, humosen Boden. Einheitserde eignet sich gut. Die Bodenreaktion soll neutral bis leicht sauer sein. Ein hoher Torfanteil bedingt eine tiefgrüne Blattfarbe.

Gießen: Die Ölpalme benötigt eine gleichmäßige Ballenfeuchtigkeit. Auf nicht sorgfältiges Gießen, also einmal trocken und dann wieder naß, reagiert sie sehr empfindlich. Sind die Temperaturen im Winter an der unteren Verträglichkeitsgrenze angelegt, kann mit Wasser sehr gespart werden. Ein fast trockener Wurzelballen macht der Pflanze in dieser Jahreszeit nichts aus. Kalk im Wasser mag sie nicht besonders, Regenwasser ist auch hier das beste. Im Winter das Leitungswasser auf Zimmertemperatur zu bringen, ist sehr wichtig.

Düngen: Düngergaben in einem Abstand von 4 bis 6 Wochen sichern in der Vegetationsperiode ein flottes Wachstum. Ab Anfang September sollte man mit den Düngergaben aufhören. Die Ölpalme verträgt am besten eine Mischung aus Jauche mit etwas Mine-

Eine zehnjährige Wollmispel kann auch als Kübelpflanze bis zu 35 kg Früchte tragen.

raldünger, um die Versorgung mit Spurenelementen sicherzustellen.

Reife, Ernte: Unter Liebhaberbedingungen kommt die Ölpalme nicht zum Fruchten.

Vermehrung, Anzucht: Die Ölpalme wird aus Samen vermehrt. Hat man Samen bekommen, wird dieser, sofern noch nicht geschehen, aus den Früchten genommen. Er sollte dann bis 36 Stunden lang in warmes Wasser von 30 bis 35 °C gelegt werden. Da Ölpalmensamen schwer keimen, ist diese Vorbehandlung nötig. Wer damit zurechtkommt, kann die Samen auch für 2 Tage in eine 1%ige Salzsäurelösung legen. Vor dem Säen die Samen bitte abwaschen.

Dann werden sie etwa 1 cm tief in Einheitserde gesteckt, wobei die Samen waagrecht und nicht mit der Spitze nach oben liegen müssen. Ein übergestülpter Folienbeutel hält die Luftfeuchtigkeit. Die Keimung setzt bei frischen Samen nach etwa 12 Wochen ein, wobei eine Temperatur von 20 bis 25 °C gehalten werden soll. Auch wenn man Samen im Winter erhält, sollte sofort ausgesät werden, da der Samen seine Keimfähigkeit schnell verliert. Bei älteren Samen kann es über ein Jahr dauern, bis er doch noch keimt.

Beim Erscheinen der spitzen Keimblätter sollte so lange zugewartet werden, bis 3 Blätter erschienen sind. Zuerst bilden sich bei der Ölpalme 3 bis 4 spitze Blätter, dann erscheinen einige schwalbenschwanzähnliche Blätter und erst dann bildet die Pflanze die bekannten Fiederblätter aus. Beim Umsetzen muß mit äußerster Vorsicht gearbeitet werden, daß der an der Pflanze hängende Same nicht abbricht. Die Pflanze geht sonst ein, da der Nährstofftransport durch den Samen verläuft.

Wollmispel (Japanische Mispel, Loquate) Eriobotrya japonica
Familie: Rosaceae

In größeren Fruchtmärkten werden die Früchte der Wollmispel meistens unter Phantasienamen, z. B. Brasilianische Aprikose, angeboten. Vereinzelt wird die Frucht auch unter dem Namen »Loquate« gehandelt.

Heimat: Die Wollmispel war ursprünglich in China und Japan beheimatet. Heute wird sie in den Höhenlagen der Tropen und in allen subtropischen Gebieten angebaut.

Pflanze: Die japanische Mispel ist ein kleiner immergrüner Baum mit niedrigem Stamm. In den Anbaugebieten erreicht er Höhen zwischen 5 und 10 m. Die Blätter sind groß, bis 20 cm lang, 6 cm breit und von lanzettlicher Form. Der Blattrand ist grob gezähnt, die Oberseite dunkelgrün, die Unterseite weißfilzig. Der Neuaustrieb ist wolligsilberweiß. Die Wollmispel blüht im Herbst. Die Blüten sind endständig, klein, weißlich und traubenförmig. Bis zum Frühjahr entwickeln sich pflaumengroße birnenförmige hellgelbe Früchte.

Standort: Nach den Eisheiligen bis zum Eintritt der ersten Herbstfröste kann die Wollmispel in unserem Klima an einem warmen, sonnigen Standort im Freien gepflegt werden. Dabei ist sie vor Dauer-

regen zu schützen. Im Sommer kann es ihr nicht zu heiß werden, im Winter genügt ein Platz im kühlen Zimmer bei Temperaturen von 5 bis 10 °C. Sie eignet sich auch als Zimmerpflanze an einem hellen Südfenster.

Boden, Substrat: Der Baum ist nicht sehr anspruchsvoll. Ein lockerer, durchlässiger und humusreicher Boden genügt ihm. Sehr bewährt hat sich Einheitserde, die mit einer Zugabe von etwas Quarzsand wasserdurchlässiger gemacht wird.

Gießen: Die japanische Mispel ist, wie ihre filzigen Blätter zeigen, an Trockenheit angepaßt. Zwischen den Wassergaben kann die Topferde immer fast trocken werden, ohne daß es der Pflanze schadet. Hier heißt es aber aufpassen, denn wenn die Topferde völlig trocken ist, wirft die Pflanze die Blätter ab. Der Baum wünscht eine leicht saure Bodenreaktion, deshalb wird hartes Leitungswasser auf die Dauer nicht vertragen. Im Winter darf nur eine leichte Ballenfeuchtigkeit vorhanden sein.

Düngen: Um mastigen Wuchs zu vermeiden, braucht die Wollmispel nur alle 6 Wochen gedüngt werden. Ab September ist mit dem Düngen Schluß, um ein

Als Topfpflanze sollte man nur Feigen des adriatischen Typs verwenden, da diese auch ohne Bestäubung Früchte bilden.

Ausreifen der Triebe sicherzustellen. Auf organischen Dünger reagiert die Pflanze äußerst positiv.
Reife, Ernte: Im Alter von 4 bis 5 Jahren beginnen die Bäume das erstemal zu blühen. Mit steigendem Alter erhöht sich der Behang teilweise so stark, daß ein Ausdünnen der Früchte notwendig wird. Ein 10jähriger Baum in Kübelkultur kann ohne weiteres bis zu 70 Pfund Früchte tragen. Die Erntezeit ist in unserem Klima von März bis Juni. Die Früchte werden vollreif gepflückt. Sie können roh oder als Kompott genossen werden. Industriell werden sie zu Konserven oder Marmelade verarbeitet.
Vermehrung, Anzucht: Der Liebhaber vermehrt die japanische Mispel durch Samen. Im Erwerbsgartenbau wird okuliert und gepfropft. Die Samen werden im Frühjahr 2 cm tief gesteckt und das Aussaatgefäß bei einer Temperatur von 20 °C hell aufgestellt. Die Keimung erfolgt nach 4 bis 6 Wochen. Im Keimstadium sollen die Pflänzchen noch nicht an die Sonne, da die ersten Blätter sehr empfindlich sind.

Echter Feigenbaum (Eßfeige)
Ficus carica
Familie: Moraceae

Die Früchte werden in den Sommermonaten als Frischware und sonst ganzjährig als Trockenfrucht angeboten.
Heimat: Die Feige ist in den Mittelmeerländern zuhause.
Pflanze: Der Feigenbaum ist ein sommergrünes, je nach Schnitt strauch- oder baumförmiges Gewächs. Er kann bis zu 10 m hoch werden. Die großen dunkelgrünen Blätter sind handförmig gelappt. In den Blattachseln entstehen in der Regel dreimal im Jahr Blütenstände. Als Kübelpflanze fruchtet die Eßfeige in unserem Klima einmal pro Jahr und bringt im Herbst eßbare, süße Früchte.

Smyrnafeigen sind infolge ihres komplizierten Befruchtungsvorganges für den Liebhaber ungeeignet, deshalb kommen als Topf- oder Kübelpflanze nur Feigen des adriatischen Typs in Frage, da diese parthenokarp sind, d. h., es kommt auch ohne Befruchtung der Eizellen zur Fruchtbildung. Jungfeigen, die in dem Jahr, in dem sie angelegt wurden, nicht mehr zur Reife kommen, wachsen im darauffolgenden Jahr weiter.
Standort: Die Feige bevorzugt einen sonnigen, nicht zu feuchten Standort. In Regenjahren ist die Feige für einen Platz dankbar, an dem der Wurzelballen auch abtrocknen kann. Zu heiß kann es ihr im Freien nicht werden. Unter Glas ist während der heißesten Stunden des Tages für leichte Beschattung zu sorgen. Da im Herbst die Blätter abgeworfen werden, genügt im Winter ein kühler Platz, der nicht besonders hell zu sein braucht.
Boden, Substrat: Die Feige bevorzugt ein durchlässiges, kalkhaltiges Substrat, kommt in jedem Boden fort, der nicht zu humos und torfhaltig ist. Zuviel Wasser muß ablaufen können, ohne daß der Boden verschlämmt. Einheitserde, bis zu einem Drittel mit Kies vermischt, sagt der Feige zu.
Gießen: Das Pflanzgefäß braucht erst gegossen zu werden, wenn die Blätter

Kumquat (rechts) sind die einzigen Früchte der Citrus-Familie, die mit der Schale gegessen werden.

Aus der Wurzel des Süßholzes (ganz rechts) wird Lakritze hergestellt, die in vielen Formen im Handel ist.

der Feige beginnen zu lappen. Dann aber durchdringend gießen, bis der ganze Wurzelballen feucht ist. Danach ist Gießpause, bis das Welken der Blätter erneut anzeigt, daß Wasser benötigt wird.
Düngen: Während der Vegetationsperiode kann in achttägigen Abständen ein Dungguß gegeben werden.
Reife, Ernte: Bei gut ernährten Pflanzen beginnt im Freiland in normalen Sommern die Ernte etwa ab Mitte August. Die Feigen reifen nicht alle gleichzeitig, sondern es werden alle 1 bis 2 Tage einige Früchte gleichzeitig reif, so daß man je nach Behang wochenlang frische Feigen zur Verfügung hat.
Diese müssen sofort abgenommen werden, da sonst Gärung eintritt. Frische Feigen halten sich auch bei Kühlung nur kurze Zeit. Vollreif sind sie, wenn sie sich weich anfühlen und bei stärkerem Fingerdruck aufzuplatzen beginnen.
Vermehrung, Anzucht: Feigen werden durch Stecklinge vermehrt. Diese werden vom ausgereiften Holz geschnitten, am besten unter einem Auge. Bei einer ungefähren Länge von 20 cm kommen sie bis zu einem Drittel in ein Erde-Sand-Gemisch. Die richtige Jahreszeit zur Vermehrung ist das Frühjahr. Die Töpfe mit den Stecklingen werden schattig und bei ungefähr 20 °C Wärme aufgestellt. Dabei muß beachtet werden, daß der Steckling nicht verkehrt, also mit den Augen nach unten, in den Topf gesteckt wird. Gut gepflegte Frühjahrsstecklinge tragen im Herbst bereits die ersten Feigen.

Erwähnt sei noch, daß immer wieder vom Handel normale Feigensträucher als sogenannte »Bergfeigen« angeboten werden. Hier soll wohl der Eindruck erweckt werden, diese Feigen seien winterhart. Bei unseren Klimaverhältnissen kann die Feige höchstens in den Weinbaugebieten im Freien ausgepflanzt werden, in normalen Wintern, wie sie zum Beispiel in Bayern herrschen, stirbt sie ab.

Kumquat
Fortunella margarita
Familie: Rutaceae

Früchte sind von Herbst bis Frühjahr auf Obstmärkten und in Delikatessengeschäften zu haben.
Heimat: Der Kumquat ist in China und Japan zuhause.
Pflanze: Der Kumquat ist ein reichverzweigter Strauch mit mandarinenähnlichen Blättern. Er weist einen etwas hängenden Wuchs auf. In unserem Klima kann er bei Kübelkultur durchaus eine Höhe von über 2 m Meter erreichen. Die kleinen, weißen und duftenden Blüten sitzen in den Blattachseln der Seitenzweige.
Nach der Befruchtung mit eigenem Blütenstaub entwickeln sich im Laufe einer Vegetationsperiode etwa pflaumengroße, orangefarbene Früchte. Dies sind die einzigen Früchte der ganzen Citrus-Familie, die mit der Schale gegessen werden.
Standort: Ihrer Herkunft gemäß sind die Kumquat nicht besonders kälteempfindlich. Deshalb kann man die Sträucher nach den Eisheiligen bis zum Frostbeginn an einer sonnigen Stelle im Gar-

ten stehen lassen. Sie fruchten auch dort zuverlässig.

Da der Fruchtbehang in der Regel sehr reich ausfällt, sollte die Pflanze vor Wind geschützt werden, um keine Bruchschäden zu riskieren. Im Winter soll der Kumquat hell, aber nicht wärmer als 5 °C stehen.

Boden, Substrat: Als Boden eignet sich für *Fortunella margarita* jedes humose, durchlässige Substrat. Es kommt darauf an, daß es durch Gießen nicht verschlämmt, um die Sauerstoffversorgung der Wurzeln nicht zu gefährden.

Gießen: Auch hier wieder Regenwasser verwenden und auf eine gleichmäßige Ballenfeuchtigkeit achten. Im Winter nur soviel Feuchtigkeit zuführen, daß die Wurzel keinen Schaden nimmt.

Düngen: Der Kumquat erweist sich als sehr dankbar für Düngung. Um reichen Fruchtertrag zu erzielen, wird der Strauch wöchentlich mit Dünger versorgt. Erst ab Ende August stellen wir die Dunggüsse ein, um ein Ausreifen des Holzes zu ermöglichen. Bei zu reicher Ernte setzt der Kumquat im darauffolgenden Jahr wesentlich weniger Blüten an.

Reife, Ernte: Sobald die Früchte eine dunkelorange Färbung angenommen haben und dem Fingerdruck nachgeben, sind sie reif. Sie können ohne weiteres im Haushalt verwendet werden, z. B. als Kuchengarnierung. Völlig ausgereifte Kumquats sind so süß, daß sie als Frischobst gegessen werden können.

Vermehrung, Anzucht: s. Calamondinorange *(Citrus madurensis)* Seite 45.

Süßholz (Lakritze)
Glycyrrhiza glabra
Familie: Fabaceae

Aus der Süßholzwurzel wird die Lakritze hergestellt, die in vielen Formen im Handel ist. Auch in vielen Medikamenten z. B. in Hustenmitteln, ist sie enthalten. Zum Aromatisieren von Tabak findet Lakritze ebenfalls Verwendung.

Heimat: Süßholz ist im Mittelmeerraum beheimatet, heute aber bis in den asiatischen Raum verbreitet. Auch bei uns kommt Süßholz vor, besonders im Weinklima.

Pflanze: Eine kräftige, innen gelbgefärbte Wurzel trägt liegende, dünne Stengel mit pfenniggroßen gefiederten Blättern. Aus den Blattachseln entspringen traubige Blütenstände mit violetten oder cremegelben Schmetterlingsblüten. Die Samenstände sind Hülsen mit jeweils 3 bis 5 Samen.

Standort: Süßholz kann sowohl unter Glas als auch in den Sommermonaten im Freien gehalten werden. Auch Zimmerkultur ist möglich. Die Pflanze braucht unbedingt einen hellen, sonnigen Stand. Trockene Luft schadet nicht. Sie kann im Winter durchkultiviert werden, besser ist es jedoch, ihr in dieser Jahreszeit durch weniger Wassergaben und einen kühleren Stand eine Ruhepause zu gönnen. Im Sommer wird es der Süßholzpflanze nicht zu warm, im Winter schaden Temperaturen zwischen 5 und 10 °C nicht.

Boden, Substrat: Der Strauch verlangt eine eher magere Erde, wie sie als Kakteenerde im Handel ist. Wichtig ist, daß überschüssiges Wasser sofort aus der Pflanzerde ablaufen kann. Staunässe bildendes Substrat ist völlig ungeeignet, da die Wurzeln darin zu faulen beginnen.

Gießen: Süßholz ist auf trockenere Klimazonen eingerichtet, deshalb kann das Substrat zwischen den Wassergaben immer wieder einmal austrocknen. Wird die Pflanze im Freien gehalten, sollte sie vor Dauerregen bewahrt werden. Im Winter zieht sie je nach Temperaturverhältnissen ein, dann darf nur eine leichte Ballenfeuchtigkeit bis zum neuen Austrieb vorhanden sein. Auf die Dauer verträgt die Pflanze Leitungswasser nicht, Regenwasser ist günstiger.

Düngen: Mehr als gelegentliche Düngergaben brauchen hier nicht verabreicht zu werden. Jedoch muß darauf geachtet werden, nach August nicht mehr düngen, auch wenn die Pflanze unter Glas gehalten wird, um das Ausreifen der Wurzelstöcke zu ermöglichen. Süßholz ist an diesen jahreszeitlichen Rhythmus angepaßt.

Reife, Ernte: Das Produkt aus der Wurzel des Süßholzes, ein im Endzustand klebriger, schwarzbrauner, erstarrter Saft wird industriell gewonnen. Süßwarenindustrie und Arzneimittelhersteller verarbeiten Lakritze weiter. Auch zum Aromatisieren von Tabaken wird das Produkt verwendet. Im Ausland werden manche Biersorten damit geschmacklich verändert.

Anzucht: Die Pflanze wird am besten aus den Samen vermehrt. Diese werden im Frühjahr in Kakteenerde gelegt und nur ganz schwach mit Erde bedeckt. Leicht angegossen und sofort hell und bei Temperaturen um 20 °C aufgestellt, keimen die Samen je nach Alter zwischen 4 und 6 Wochen. Eine Vermehrung durch Teilung des Wurzelstockes ist auch möglich. Sie sollte ebenfalls im Frühjahr erfolgen. Manchmal bieten holländische Firmen in Katalogen fertige Süßholzpflanzen an.

Die Baumwolle (hier Gossypium hirsutum) ist eine gute Zimmerpflanze, da ihr trockene Luft zusagt.

Baumwolle
Gossypium herbaceum, G. hirsutum
Familie: Malvaceae

In Fachgeschäften und Gartencentern gibt es regelmäßig Baumwollsamen zu kaufen, der auch gut keimt.

Heimat: Die Urheimat der Baumwolle ist wohl das südliche Afrika. Einige Wissenschaftler suchen die Heimat der neuweltlichen Arten in der Andenregion Südamerikas.

Pflanze: Die heutigen Kulturformen sind alle Büsche, die um 2 m hoch werden. Schon sehr früh setzt die Verzweigung ein. Die Baumwolle besitzt 3- bis 7-lappige Blätter von dunkelgrüner Farbe.

Die ansehnlichen Blüten sind kurzgestielt und entspringen in den Blattachseln. Sie zeigen die Form einer typischen Malvenblüte. Die Farbe der Blütenblätter ist weiß, hellgelb bis rot. Beim Liebhaber in Kultur befindliche Pflanzen von *Gossypium hirsutum* tragen reinweiße Blüten, *Gossypium herbaceum* hat gelbe Blüten, die am Grunde ein rotes Saftmal zeigen.

Nach erfolgreicher Bestäubung entwickelt sich eine eiförmige Kapsel von der Größe eines Tischtennisballes. Diese springt nach etwa 3 Monaten bei *G. hirsutum* auf und gibt die Samenfasern frei. Bei *G. herbaceum* bleibt die Kapsel auch bei Reife geschlossen. Die Baumwolle kann einjährig und mehrjährig kultiviert werden.

Standort: Die Pflanze beansprucht viel Wärme, zu warm kann es ihr in unserem Klima nicht werden. Temperaturen im Sommer zwischen 25 bis 30 °C werden gut vertragen. Im Winter soll die Temperatur nicht unter 15 °C sinken. Ein ganzjähriger heller Standort ist unbedingt nötig. Die Baumwolle eignet sich sehr gut als Zimmerpflanze, da ihr trockene Luft sehr zusagt. Sie kann in den Sommermonaten auch an einer geschützten Ecke im Freien stehen. Hier ist aber ein Regenschutz gegen Dauerniederschläge nötig.

Boden, Substrat: Die Baumwolle will einen leichten, mit Sand vermischten, lockeren humosen Boden. Dieser soll eine leicht alkalische Reaktion aufweisen; saurer Boden ist ungeeignet. Überschüssiges Gießwasser soll leicht wieder abfließen können.

Rechts: Ambari bildet eine ansehnliche Blüte. Für den Liebhaber ist es wichtig, die Samen für die Weitervermehrung zu gewinnen.

Gießen: Die Baumwolle verträgt während der Blattentwicklung regelmäßige Wassergaben. Wenn die Blütenentwicklung einsetzt, sollte nur mehr eine mäßige Ballenfeuchtigkeit vorhanden sein. Kürzere Trockenzeiten werden schadlos vertragen. Im Winter darf nur eine ganz leichte Ballenfeuchtigkeit vorhanden sein, wenn die Pflanze mehrjährig gezogen wird.

Düngen: Organischer Dünger, vermischt mit einer Handvoll Mineraldünger und im Wasser aufgelöst, ergibt gute Erfolge. Reiner Mineraldünger auf Dauer kann zu Schäden führen, da die Pflanze gegen Salze, wie Natriumkarbonat, empfindlich ist. In Anbaugebieten, wo bewässert werden muß, verträgt sie dagegen Kochsalz im Boden bis 0,5%. Die Düngergaben werden bei Topfkultur alle 14 Tage von März bis September gegeben. Ausgepflanzt, wo sich die Baumwolle besonders üppig entwickelt, erhält sie alle 4 Wochen einen Dungguß.

Reife, Ernte: Im Herbst, wenn die Kapseln reif sind, werden die Samen, samt den an ihnen hängenden Fasern, entnommen. Wer sich die Mühe machen will, die Samen von den Fasern zu trennen, bekommt bei ausreichender Menge tadellose Autopoliturwatte.

Vermehrung, Anzucht: Baumwollsamen wird im Frühjahr etwa 1 cm tief in die Saaterde gesteckt. Die Bodentemperatur muß mindestens 18 °C betragen. Bei ausreichender Feuchtigkeit und Wärme keimen die Samen bereits nach einigen Tagen. Nach Erscheinen der ersten 2 bis 4 regulären Blätter kann unter Schonung des Wurzelballens umgepflanzt werden. Es sollte bereits Mitte Februar mit der Aussaat begonnen werden, da sonst die Gefahr besteht, daß bei einem späteren Saatzeitpunkt keine Blüten mehr gebildet werden.

Ambari (Dekkanhanf, Gambohanf)
Hibiscus cannabinus 'Kenaf'
Familie: Malvaceae

Da nur die Fasern industriell genutzt werden, ist keine Pflanze im gärtnerischen Angebot.

Heimat: Der Gambohanf ist im afroasiatischen Raum zuhause. Er wird in den Teilen der Tropen und Subtropen angebaut, in denen sich Jute nicht kultivieren läßt.

Pflanze: Der Gambohanf ist eine rauhstengelige, bis 4 m hohe Staude mit gelappten Blättern. Die ansehnlichen Blüten stehen einzeln in den Blattachseln. Sie haben eine Größe bis 10 cm im Durchmesser und sind blaßgelb mit einem dunkelroten bis dunkelbraunen Saftmal. Nach der Bestäubung mit eigenem Blütenstaub entwickelt sich die Samenkapsel.

Standort: Die Pflanze braucht einen hellen, warmen Platz unter Glas. Sie kann nur in den Hochsommermonaten an einen geschützten Platz ins Freie. Auch unter Glas wird volle Sonne vertragen.

Boden, Substrat: Gambohanf ist nicht besonders wählerisch, was die Pflanzerde betrifft. Die käufliche Einheitserde kann ohne weiteres verwendet werden.

Gießen: Der Gambohanf verlangt viel Feuchtigkeit im Wurzelballen, ohne daß Staunässe auftreten darf. Leitungswas-

Unten:
Süßkartoffeln schmecken ähnlich einer Kartoffel, die dem Frost ausgesetzt war.

zunächst grün und wird mit zunehmender Reife braun. Wenn sie aufzuspringen beginnt, sind die Samen reif. Diese sind rund, schwarz und von der Größe kleiner Erbsen. Sie werden während des Winters kühl und dunkel aufbewahrt. Ab Februar in Torfkultursubstrat gesät, keimen sie bei einer Temperatur zwischen 20 und 25 °C innerhalb von 4 Wochen. Von der Keimung bis zur Blüte vergehen etwa 6 Monate. Die Samen sind nach weiteren 2 Monaten reif.

Süßkartoffel (Batate)
Ipomoea batatas
Familie: Convolvulaceae

Auf Lebensmittelmärkten werden mitunter Batatenknollen der verschiedensten Sorten, vorwiegend in der warmen Jahreszeit, angeboten.
Heimat: Die Batate stammt wahrscheinlich aus Südamerika, ihr Name ist

ser wird auf die Dauer nicht vertragen. Bei Trockenheit schlappen die Blätter, die Pflanze erholt sich bei der nächsten Wassergabe jedoch ohne Schäden wieder.
Düngen: Sobald die Pflanzen das 4. Blatt gebildet haben, kann jede Woche bis zur Samenreife ein Volldüngerguß gegeben werden.
Reife, Ernte: Für den Pfleger dieser Pflanze kommt es nur auf die Samenernte an, da das Hauptprodukt des Gambo die im Stengel enthaltene Faser ist. Diese muß industriell aufbereitet werden. Sie ist wesentlich feiner als die Jutefaser, kann also zu feineren Geweben als für Säcke verarbeitet werden. Nach der Samenernte kommen die Pflanzen auf den Kompost, da eine alljährliche Aufzucht der Pflanze problemloser als eine Überwinterung ist.
Vermehrung, Anzucht: Da die Blüte nur einen Tag geöffnet ist, muß sofort bestäubt werden. Die Samenkapsel ist

Die Süßkartoffel ist eine einjährige Pflanze, die herzförmige Blätter von frischgrüner Farbe bildet. Zur Blüte kommt sie aber nur in den Tropen.

indianischen Ursprungs. Sie stand bereits in präkolumbianischer Zeit bei den Indianern in Kultur. Nach Europa kam die Pflanze noch vor der Kartoffel. Heute wird die Batate weltweit in den Tropen und Subtropen angebaut.

Pflanze: Die Batate ist ein einjähriges Kraut und bildet auf dem Boden kriechende Stengel mit wechselständigen, herzförmigen Blättern. Diese sind etwa 5 cm lang, ebenso breit und von frischgrüner Farbe. Die Blüten, die sich nur in den Tropen bilden (Kurztagspflanzen) sind trichterförmig, weiß oder rötlich und sehen den Blüten der Winden ähnlich. Die Stengel können in feuchtem Klima mehrere Meter lang werden. Die Knollen sind länglich spindelförmig, bis 20 cm lang, gelb bis rötlich gefärbt und bis zu 3 kg schwer.

Standort: Die Batate benötigt Temperaturen von 25 bis 30 °C und volle Sonne. Sie kann bei uns nur unter Glas oder im ausgebauten Tropenfenster gepflegt werden. Eine Haltung im Zimmer oder im Freien ist nicht möglich. Hohe Luftfeuchtigkeit um 80 % ist erforderlich, da die Pflanze sonst stark von der Roten Spinne (Spinnmilbe) befallen wird. Die Nachttemperaturen dürfen nicht unter 12 °C fallen, da die Batate bei längerem Stand in diesem Temperaturbereich abzusterben beginnt. Sie ist eine typische Sonnenpflanze, nur in den Mittagsstunden der heißen Jahreszeit muß leichter Rohrschatten gegeben werden.

Im Herbst beginnen die Ranken abzusterben, die Pflanze wird an einen kühleren Standort (nicht unter 15 °C) gebracht. Bei leichter Bodenfeuchtigkeit verbleiben die Knollen in ihrem Pflanzgefäß. Ab Mitte Februar hell und warm gestellt, erfolgt der Neuaustrieb.

Boden, Substrat: s. Seite 10.

Gießen: In der Anfangszeit braucht die Batate ausreichend Feuchtigkeit, da sie in kurzer Zeit große Blattmassen entwickelt. Kalk im Gießwasser verträgt sie

Der Lorbeerbaum entwickelt im Frühjahr in den Blattachseln viele kleine, gelblichweiße Blüten.

Stengelabschnitte oder durch die in der Wachstumszeit neu gebildeten Knollen. 20 bis 30 cm lange Teile der Ranken, der ganze Stengel ist dazu brauchbar, werden mit 2 bis 3 Augen in torfhaltige Erde gesteckt. Die Stecklinge können auch flach auf den Boden gelegt und mit wenig Erde bedeckt werden. Warm und hell gestellt und mit einer Folienhülle versehen, treiben die Stecklinge in 8 bis 14 Tagen aus. Sobald der Neutrieb sichtbar ist, muß die Abdeckung weggenommen werden.

auf die Dauer nicht. Sehr empfindlich ist sie gegen kalte Wassergüsse. Sie reagiert darauf mit Fäulnis der Knollen. Ab Juli–August werden die Wassergaben reduziert, um die Knollenbildung zu begünstigen. Im Spätsommer darf die Pflanzerde zwischen den Wassergaben auch einmal kurz austrocknen.

Düngen: Da die Batate sehr schnell wächst, kann von März bis August alle 8 bis 14 Tage gedüngt werden. Im Herbst nicht mehr düngen, um ein Ausreifen der Knollen zu ermöglichen.

Reife, Ernte: Wenn im Spätherbst die Ranken absterben, können die Knollen geerntet werden. Sie sind außerhalb des Bodens wenig haltbar. Die kohlenhydratreichen Knollen werden in der Küche wie Kartoffeln behandelt, allerdings schmecken sie etwas schleimig und leicht süßlich, ähnlich einer Kartoffel, die dem Frost ausgesetzt war.

Vermehrung, Anzucht: Bataten werden vegetativ vermehrt, entweder durch

Lorbeerbaum
Laurus nobilis
Familie: Lauraceae

Pflanzen werden in Fachgeschäften und auf Blumenmärkten angeboten.

Heimat: Der Lorbeerbaum ist im Mittelmeergebiet, besonders auf Korsika, weit verbreitet.

Pflanze: Der Lorbeer gehört zu den Charakterpflanzen des Mittelmeerraumes. Das Hartlaubgewächs kann sich bis zu einer Höhe von 10 bis 12 m auswachsen. Die Blätter sind ledrig, auf der Oberseite glänzend und ganzrandig, bei einer Länge von etwa 10 cm und einer Breite bis 4 cm. Das Laub wird das ganze Jahr behalten, das einzelne Blatt wird 2 bis 3 Jahre alt. Im Frühjahr blüht der Lorbeer mit vielen kleinen, gelblichweißen Blüten aus den Blattachseln. Die Sträucher wachsen sich im Kübel, wenn sie nicht geschnitten werden, zu schönen, dunkelgrün belaubten Exemplaren aus, die auch bei uns 2 m und höher werden können.

Auch im Kübel kann der Lorbeerbaum zu einem wunderschönen, dunkelgrün belaubten Exemplar heranwachsen.

Standort: Der Lorbeer gehört weder ins Zimmer, noch unter Glas, sondern auf einen Platz, wo er im Freien genügend Sonne erhält. Er kommt zwar im Halbschatten auch fort, aber kann dort seinen charakteristischen Wuchs mit dichtem Laub nicht entwickeln. Fröste kann er nicht vertragen, aber sobald die Temperaturen einige Grad darüber ansteigen, soll er ins Freie. Dort bleibt er, bis die ersten Nachtfröste im Herbst drohen. Im Winter kommt der Strauch an einen frostfreien Platz, der gar nicht einmal besonders hell zu sein braucht. Die Temperaturen sollten 5 °C nicht übersteigen.

Boden, Substrat: Das Substrat, in das der Lorbeer gepflanzt wird, soll leicht sauer sein. Einheitserde wird mit einem Drittel Torf vermischt. Umgepflanzt wird erst, wenn sich der Ballen aus dem alten Topf hebt.

Gießen: Auf die Dauer verträgt der Lorbeer nur kalkfreies Wasser, z. B. Regenwasser. Er gedeiht am besten bei gleichmäßiger Ballenfeuchtigkeit, die im Winter etwas verringert wird. Die Pflanze braucht auch in der dunklen Jahreszeit Wasser, da sie voll belaubt ist. Trocknet der Wurzelballen einmal aus, braucht die Pflanze sehr lange, bevor sie sich wieder erholt hat.

Düngen: Es genügt, wenn unser Lorbeer alle 4 bis 6 Wochen in der Vegetationsperiode einen Dungguß erhält, sonst wächst er zu stark und paßt nach einigen Jahren in keinen Überwinterungsraum mehr. Ist es einmal doch soweit, kann im Frühjahr zurückgeschnitten werden.

Reife, Ernte: Verwendet werden vom Lorbeer seine aromatischen Blätter. Diese können das ganze Jahr, nach Bedarf, frisch abgenommen und in der Küche verwendet werden. Sie sind viel aromareicher als die käufliche, getrocknete Ware. Vor allem für Wildgerichte sind sie ein beliebtes Gewürz.

Vermehrung, Anzucht: Will man keinen fertigen Strauch kaufen, sondern eine Jungpflanze selbst heranziehen, müssen Stecklinge bewurzelt werden. Diese werden nicht geschnitten, sondern vom Zweig gerissen. Möglichst soll auch noch ein kleines Stück der Zweigrinde daran haften. Dieser etwa 10 bis 15 cm lange Steckling wird in Torf gesteckt, angegossen und bei etwa 15 bis 20 °C schattig aufgestellt. Im Frühling gesteckt, setzt die Wurzelbildung nach einigen Wochen ein.

Litchibaum (Litchipflaume)
Litchi chinensis
Familie: Sapindaceae

Die Früchte werden als Naßkonserve ganzjährig angeboten. Als Frischobst kommen sie im Frühjahr bis Frühsommer auf den Markt.

Heimat: Die Litchipflaume stammt aus dem südlichen China, ist heute aber weltweit in den trockeneren Tropen verbreitet.

Pflanze: Der Litchibaum wird in den Anbaugebieten 10 bis 15 m hoch. Er besitzt schmale, längliche, in eine scharfe Spitze auslaufende Fiederblätter. Die Blütenstände weisen bis zu 30 weiße, 5zählige Blüten auf. Sie sind männlich, weiblich oder zwitterig. Das Verhältnis der Blüten zueinander ist von

Die Blüte der Schwammgurke (rechts) ähnelt jener unserer kletternden Gewächshausgurke. Nach dem Trocknen oder Auswaschen des Fruchtfleisches bleibt der gebrauchsfertige Schwamm übrig (ganz rechts).

Jahr zu Jahr unterschiedlich. Die Früchte sind kirschgroß und bergen unter einer körnigen, bei Reife roten Schale ein höchst aromatisch schmeckendes weißes Fruchtfleisch.
Standort: Die Pflanze verlangt nach der Vegetationsperiode im Sommer eine ausgesprochene kühle und trockenere Jahreszeit. Im Sommer kann sie ins Freie gestellt werden, wo sie volle Sonne verträgt. Unter Glas ist in den heißesten Monaten eine leichte Schattierung angebracht, sonst treten leicht Verbrennungen an den Blättern auf. Im Winter ist ein heller, aber kühler Standort notwendig. Es ist darauf zu achten, daß die Litchi im Frühjahr nicht zu früh zu treiben beginnt.
Boden, Substrat: Das Pflanzsubstrat sollte für die Litchipflaume nicht allzu humos sein. Bis zur Hälfte Sand- und Lehmzusatz sorgen für die Wasserdurchlässigkeit des Bodens und für eine gleichmäßige Ballenfeuchtigkeit. Diese muß auch im Winter erhalten werden, wobei Feuchtigkeit nicht mit Nässe verwechselt werden darf.
Gießen: Der Wasserbedarf der Litchipflaume ist in der Vegetationsperiode ziemlich hoch. Da der Baum aber empfindlich gegen Kalk im Gießwasser reagiert, sollte nur sauberes Regenwasser oder kalkfrei aufbereitetes Leitungswasser verwendet werden. Trotz des Wasserbedarfes soll wenigstens die Topfoberfläche von Fall zu Fall abtrocknen, da Staunässe nicht vertragen wird. Unregelmäßiges Gießen, mal trocken, mal naß, beantwortet die Pflanze mit Blattfall. Wenn die Blattspitzen braun werden, liegt mit Sicherheit ein Gießfehler vor.

Düngen: Im Sommer gibt man der Litchipflaume alle 4 Wochen einen Dungguß aus organischen Dünger. Mehr ist nicht nötig, da die Pflanzen in unserem Klima nicht so groß werden, um zur Blüte zu kommen.
Reife, Ernte: Litchipflaumen setzen bei uns keine Früchte an.
Vermehrung, Anzucht: Samen aus frisch gekauften Früchten werden im Frühjahr etwa 1 cm tief in humoses Material gesteckt, leicht feucht gehalten und bei etwa 20 bis 25 °C halbschattig aufgestellt. Sie keimen je nach Frische der Frucht im Laufe von 2 bis 3 Wochen. Nach dem Aufgehen der Sämlinge wird nach Bildung der ersten 4 Blätter vereinzelt.

Ist irgendwo eine Pflanze vorhanden, z. B. in einem botanischen Garten, kann man auch eine Vermehrung mit Stecklingen versuchen. Der Steckling sollte aber schon etwas verholzt sein. Allzu grüne Triebe gehen nicht an, sondern faulen.

Schwammgurke
Luffa aegyptiaca
Familie: Cucurbitaceae

Von der Schwammgurke sind nur die Früchte auf dem Markt. Die getrockneten Leitbündelsysteme der Früchte werden als Schwamm für die Hautpflege oder als Einlegesohlen angeboten. Junge Früchte nichtbitterer Formen kann man als Gemüse essen.
Heimat: Die Pflanze wird als Kulturpflanze in den gesamten Tropen angebaut.

Pflanze: Die Luffa ähnelt vollständig den bekannten kletternden Gewächshausgurken mit den gelappten großen Blättern. Sie hat ebenfalls gelbe Blüten. Aus ihnen entwickeln sich bis zu 1/2 m lange Gurkenfrüchte. Die Pflanze ist einjährig, sie stirbt im Herbst ab.

Standort: Die Schwammgurke verbleibt ganzjährig unter Glas. Sie benötigt einen hellen, aber vor praller Sonne geschützten Platz. Temperaturen um 25 °C sagen der Pflanze zu. Vor Versuchen, die Luffa im Freiland zu ziehen, sei in Gegenden gewarnt, in denen kein Weinklima herrscht. Zimmerhaltung ist wohl möglich, bringt aber in der Regel keine guten Ergebnisse, weil die Luffa wie alle Gurken bei hoher Luftfeuchtigkeit am besten gedeiht.

Boden, Substrat: Die Pflanze braucht einen humosen, lockeren und durchlässigen Boden mit hohem Humusgehalt. Die gesündesten und stärksten Pflanzen habe ich in Laubkomposterde erzielt.

Gießen: Die Luffa verlangt über die ganze Wachstumsperiode hinweg eine gleichmäßige Ballenfeuchtigkeit. Mit zunehmendem Längenwachstum muß gleichlaufend mehr Feuchtigkeit gegeben werden. Da die Pflanze große Blattmassen bildet, sind bei Kübelkultur unter Umständen sogar zweimal täglich Wassergaben notwendig. Dabei ist darauf zu achten, daß das Wasser die Umgebungstemperatur angenommen hat. Gurken reagieren sehr empfindlich auf kaltes Wasser mit einem Wachstumsstop.

Düngen: Um große Früchte zu erhalten, sollte die Luffa alle 8 bis 14 Tage eine Düngung mit aufgelöstem organischem Dünger erhalten. Die Düngung kann bis in den September fortgesetzt werden.

Reife, Ernte: Nach der Befruchtung der Blüten entwickeln sich sehr schnell bis zu 1/2 m lange Gurken von dunkelgrüner Farbe und leichter Marmorierung. Sie bleiben so lange an der Pflanze bis das Laub abstirbt. Dann werden die Früchte abgenommen und noch einige Wochen trocken und warm gelagert. Wenn die Außenhaut brüchig geworden ist, kann sie entfernt werden. Zum Vorschein kommen jetzt vernetzte Faserbündel, aus denen die Samen entfernt werden. Das noch verbliebene Fruchtfleisch kann durch Trocknen oder Auswaschen entfernt werden, übrig bleibt der gebrauchsfertige Schwamm.

Vermehrung, Anzucht: Keimfähiger Samen, der nur in den Anbauländern oder aus einem botanischen Garten beschafft werden kann, wird bereits Anfang Februar flach in kleine Töpfe

gelegt. Pro Topf legt man üblicherweise 2 Korn. Diese werden leicht angegossen und sofort hell und warm gestellt. Um die Luftfeuchtigkeit zu erhöhen, können die Töpfe mit einer Plastikfolie abgedeckt werden. Frische Samen gehen bereits nach wenigen Tagen auf. Die Aufzucht und auch Pflege gleicht völlig der der Gewächshausgurken.

Mangobaum (Mango)
Mangifera indica
Familie: Anacardiaceae

Als Frischobst sind Mangos ganzjährig auf Märkten und in Feinkostgeschäften zu kaufen.

Heimat: Ursprünglich im indischen Raum beheimatet, erstreckt sich das Verbreitungsgebiet des Mangobaumes heute über die ganzen Tropen und reicht teilweise bis in subtropische Gebiete.

Pflanze: Der Mangobaum ist ursprünglich bis 30 m hoch. Die heute gezogenen Kultursorten sind niedriger. Er bildet schmallanzettliche, grüne Blätter aus, die in der Jugend rötlich gefärbt sind und später ledrig werden.

An der Spitze der letztjährigen Triebe entwickeln sich die rispigen Blütenstände. Die Blüten sind weiß oder rötlich gefärbt. Die Früchte sind kugelig, ei- oder nierenförmig und erreichen ein Gewicht bis zu 1 kg. Sie enthalten einen großen, faserigen Steinkern. Der Geschmack ist hervorragend.

Standort: Der Mango kann in unserem Klima nur unter Glas kultiviert werden. Dort steht er hell und sonnig, in der heißesten Jahreszeit leicht schattiert. Da der Mango ein umfangreiches Wurzelsystem ausbildet, sollte das Pflanzgefäß nicht zu klein gewählt werden. Frei im Gewächshaus ausgepflanzt, entwickelt der Baum ein starkes Wurzelwerk, so daß andere Pflanzen leicht unterdrückt

Die Früchte des Mangobaums sind ganzjährig auf Märkten und in Feinkostgeschäften zu kaufen.

werden. Den Winter verbringt der Mango hell bei etwa 15 °C Wärme. Tiefere Temperaturen verträgt er nur bei trockener Erde.

Boden, Substrat: Der Mango liebt einen nahrhaften und gut durchlüfteten, humosen Boden. Sandiger Lehmboden mit Torfbeimischung lassen ihn schnell größer werden. Infolge seines schnellen Wachstums und des großen Wurzelraumes, den er benötigt, ist jährliches Umpflanzen eine Notwendigkeit.

Gießen: Eine gute Wasserversorgung, ohne Staunässe zu verursachen, ist anzustreben. Gleichmäßige Ballenfeuchtigkeit ist für den Mango wichtig. Erst nach einigen Jahren wird er so weit trockenheitsresistent, daß kurzdauernde Trockenperioden ertragen werden.

Düngen: Mit organischem Dünger hat man bei der Kultur des Mango bessere Erfolge als mit Mineraldünger. In der Wachstumszeit wird alle 14 Tage ein Dungguß gegeben. Eine Aluminiumsulfatgabe 2- bis 3mal im Jahr, jeweils bis 5 g/l, fördert das Wachstum sehr. Im Herbst wird die Düngung eingestellt, da der Mango mit sinkender Lichtintensität auch das Wachstum einstellt.

Reife, Ernte: Der Mango kommt in unseren Breiten nicht zum Blühen und Fruchten, stellt aber eine hübsche Blattpflanze dar.

Vemehrung, Anzucht: Von im Sommer gekauften, reifen Mangofrüchten wird der faserige Steinkern herausgelöst und von anhaftendem Fruchtfleisch gereinigt. Das Reinigen ist erforderlich, da sonst das Öffnen der Kernschale zu einem »Harakiri-Unternehmen« wird, denn der Kern ist glitschiger als ein Fisch.

Ungeöffnete Mangokerne keimen fast nie, da die Früchte bei der Ernte noch nicht ganz reif sind. Daher hat der Samen oft nicht die Kraft, die harte Schale zu sprengen. Mit einem spitzen Messer wird der Steinkern an der Schmalseite geöffnet. Vorsichtig mit der Messerspitze einstechen und nach einigen Millimetern Eindringtiefe drehende Bewegungen mit dem Messer machen, um den Spalt soweit zu erweitern, bis man mit dem Finger eindringen kann. Das Öffnen immer in der Rückenmitte beginnen, um den winzigen Keimling nicht zu beschädigen.

Der Samenkern wird mit dem Keimling nach unten halb in humose Erde gesteckt, der Topf in einen durchsichtigen Folienbeutel gehüllt und das Ganze schattig bei etwa 20 bis 25 °C aufgestellt. Beim Keimvorgang spaltet sich der Kern nur wenig, er hebt sich auch nicht aus der Erde.

Aus dem Spalt erscheinen nach etwa 3 Wochen die ersten rötlich gefärbten Blätter. Ab diesem Zeitpunkt wird der Folienbeutel abgenommen und die Jungpflanze an einen helleren Platz gestellt.

Maniok (Cassava)
Manihot esculenta
Familie: Euphorbiaceae

In Reformhäusern wird die aus Maniokmehl gewonnene Stärke als »Perlsago« angeboten.

Heimat: Die Heimat ist ursprünglich Südamerika. Der Strauch gelangte schon im 16. Jahrhundert nach Afrika

und Indonesien. Heute wird er weltweit in den Tropen und Subtropen angebaut.
Pflanze: Der Maniok ist ein mehrjähriger halbholziger Strauch, der bis zu 3 m hoch wird. Der leicht zickzackartig gebogene Stengel ist mit weichem Mark gefüllt. Die Blätter sind langgestielt und wechselständig. Sie sind tiefhandförmig geteilt 2- bis 7fingrig. Es kommen auch 9fingrige vor.

Die Blüte ist eine endständige Rispe. Am Blütenstand sitzen die männlichen Blüten oben, die weiblichen tiefer. Da die weiblichen Blüten etwa 8 Tage vor den männlichen blühen, ist eine Befruchtung auf demselben Blütenstand nicht möglich.

Das genutzte Pflanzenteil ist die 30 bis 50 cm lange Wurzelknolle. Sie kann bis zu 5 kg schwer werden. Die Blätter können gekocht als Gemüse genossen werden. Vom Genuß der Maniokknollen durch den Liebhaber ist abzuraten, da bei nicht sachgemäßer Zubereitung die Knolle Blausäure abspaltet.

Standort: Der Maniok benötigt während seiner Vegetationsperiode in unseren Sommern ein warmfeuchtes Klima mit Temperaturen über 25 °C. Volle Sonne wird gut vertragen. Im Zimmer und im Freien gedeiht er nicht, da er auch eine hohe Luftfeuchtigkeit um 80 % verlangt. Durch Temperaturen zwischen 15 und 20 °C ab November–Dezember und weniger Wassergaben kann die Pflanze bei uns zum Ausreifen und zum Abwerfen der Blätter gebracht werden. Den Winter übersteht sie bei den genannten Temperaturen und leichter Ballenfeuchtigkeit dann problemlos. Ab Februar hell und wärmer gestellt, treibt sie wieder aus.

Boden, Substrat: Maniok verlangt einen durchlässigen, humusreichen Boden. Einheitserde mit einer Beimischung von sandigem Lehm ist das richtige. Wird der Maniok als Topfpflanze kultiviert, so empfiehlt sich eine mehrere Zentimeter hohe Sandschicht am Topfgrund, da stauende Nässe unbe-

Der Maniok ist ein mehrjähriger halbholziger Strauch (ganz links). Aus seiner Knolle wird Stärke gewonnen. Der Sapotillbaum (links) fruchtet erst nach einigen Jahren. 5- bis 6jährige Pflanzen haben auch bei uns die Chance, zum Blühen zu kommen.

dingt vermieden werden muß. Die Knollen faulen sonst in kürzester Zeit.
Gießen: Der Strauch verlangt während seiner Wachstumszeit gleichmäßige Ballenfeuchtigkeit. Zum Gießen gehört etwas Fingerspitzengefühl, da bei einer Wassergabe und darauffolgendem sonnenlosen Wetter leicht Fäulnis der Knollen auftreten kann. Wie bei allen mehrjährigen, im gleichen Pflanzgefäß stehenden Pflanzen ist Regenwasser zu verwenden, um eine Anreicherung von Salzen im Boden zu vermeiden. Im Winter, wenn der Strauch blattlos steht, sollte auf überschlagenes Gießwasser geachtet werden. Die Maniokknolle reagiert empfindlich, wenn ihr kaltes Wasser um die Füße geschüttet wird.
Düngen: Maniok wächst im Frühjahr sehr rasch, daher kann alle 14 Tage organischer Dünger aufgelöst gegeben werden. Ab Juni–Juli kann die Zeit zwischen den Dunggüssen auf 4 Wochen ausgedehnt werden. Ab September wird jede Düngung bis zum Frühjahr ausgesetzt.
Reife, Ernte: Wenn die Blätter des Maniokstrauches gelb werden oder die Blätter abfallen, ist die Wurzelknolle reif. In seiner Heimat wird Maniok geraspelt. Der entstandene Brei wird mit Wasser aufbereitet, so daß sich die Stärke am Boden absetzt. Das dabei verwendete Wasser riecht deutlich nach Blausäure. Die verbleibende Stärke wird zu Mehl oder Flocken verarbeitet. Sogenannter Perlsago ist immer Maniokstärke und hat mit dem aus der Sagopalme gewonnenen Produkt nichts zu tun.
Vermehrung, Anzucht: Maniok kann durch die geernteten Saatknollen vermehrt werden. Heute wird aber fast ausschließlich Stecklingsvermehrung angewandt. Die Stecklinge aus den ausgereiften Teilen der Stengel genommen. Die weiche Spitze und stark verholzte Teile des unteren Stengels sind nicht geeignet. Der einzelne Steckling sollte etwa 15 cm lang sein und mehrere Augen besitzen. Die beste Steckrichtung ist etwa 60 °, da dann der Steckling auf der ganzen Länge austreibt. Senkrecht eingesetzte Stecklinge treiben nur am oberen Ende aus. Bei einer Temperatur von etwa 20 °C, hell gestellt und leicht angegossen, erfolgt der Austrieb innerhalb von 2 Wochen. Maniok kann während des ganzen Jahres durch Stecklinge vermehrt werden.

Sapotillbaum (Breiapfelbaum, Kaugummibaum)
Manilkara zapota
Familie: Sapotaceae

Manchmal werden in großen Fruchtmärkten und in den Obstabteilungen von großen Kaufhäusern Früchte angeboten.
Heimat: Der Breiapfelbaum stammt aus den Tieflagen des nördlichen Südamerika, wird aber heute in allen tropischen Gebieten angebaut, besonders in Mittel- und Südamerika.
Pflanze: Der Breiapfelbaum wird in seiner Heimat bis 25 m hoch. Die großen, etwa 10 cm langen und 2 cm breiten, elliptischen Blätter sind dunkelgrün, ledrig und glänzend. Die Blüten sind klein, weiß und sitzen an den Enden in den Blattachseln. Die Früchte sind fast

apfelgroß mit gelb-braunem, durchscheinendem Fleisch. Der Breiapfel kann nur ganz reif gegessen werden, da er vorher sehr viel Gerbsäure und Milchsaft enthält. Vollreif ist er sehr süß.
Standort: Die Pflanze ist streng an tropische Verhältnisse angepaßt. Sie kann bei uns daher nur unter Glas gepflegt werden. Eine Haltung im Zimmer und im Freien ist nicht möglich, da die Pflanze ständig eine Luftfeuchtigkeit von über 80% benötigt. Die Temperaturen können im Sommer auf über 30 °C steigen, und sollen im Winter nicht unter 18 °C fallen. Volle Sonne wird vertragen, wenn die Pflanze nicht direkt an der Glasscheibe steht.
Boden, Substrat: Das Pflanzsubstrat sollte nach der sauren Seite hin tendieren, locker und durchlässig sein. Die Wurzeln des Breiapfelbaumes sind ziemlich sauerstoffbedürftig. Erde, die zuviel Wasser speichern kann, verträgt die Pflanze nicht. Auf trockenere Verhältnisse weisen auch die ledrigen Blätter hin. Im Winter sollte die Pflanzerde nur ganz leicht feucht sein. In dieser Zeit wächst der Baum infolge Lichtmangels nicht.
Gießen: In der Wachstumsperiode soll eine gleichmäßige Ballenfeuchtigkeit vorhanden sein. Im Winter wird der Breiapfel fast trocken gehalten. Es macht nichts, wenn die Pflanze dabei einige Blätter abwirft; der Austrieb im Frühjahr erfolgt dann um so buschiger. Leitungswasser verträgt sie nicht.
Düngen: Der Baum kann von März bis Ende September alle 4 Wochen einen Dungguß bekommen. Auch hier sprechen wieder die besseren Erfahrungen für organischen Dünger.

Reife, Ernte: Erst nach einigen Jahren beginnt der Breiapfel zu fruchten. 5 bis 6 Jahre alte Pflanzen haben auch bei uns die Chance, zum Blühen zu kommen. Die Frucht ist fast apfelgroß, die Spitze ist schwach genabelt, am Grund sitzt ein bleibender Kelch. Erst bei Vollreife ist die Frucht genießbar. Sie hält sich einige Tage im Gemüsefach des Kühlschrankes. Der Milchsaft des Baumes wird industriell genutzt. Er ist der Grundstoff des Kaugummis, weshalb die Pflanze auch Kaugummibaum genannt wird. Dieser Milchsaft ist in allen Teilen der Pflanze enthalten.
Vermehrung, Anzucht: Der Breiapfel kann aus Samen vermehrt werden. In den Anbaugebieten werden die besten Sorten auf Sämlinge der eigenen Art okuliert. Jede Frucht enthält 8 bis 12 harte, glänzende schwarze Samen. Diese werden zuerst 24 Stunden in lauwarmes Wasser eingeweicht. Danach kommen sie 1 cm tief in lockeren Boden und werden gleich hell und bei Temperaturen um 25 °C aufgestellt. Ein übergestülpter Folienbeutel hält die Luftfeuchtigkeit. Frische Samen keimen nach 4 bis 6 Wochen. Die besten Ergebnisse erzielt man im Frühjahr, obwohl der Breiapfel das ganze Jahr gesät werden kann.

Pfeilwurz
Maranta arundinacea
Familie: Marantaceae

Pflanzen oder Vermehrungsgut sind nicht erhältlich. Die feine Stärke der Pfeilwurz wird vorwiegend zu Kinder-

Die Pfeilwurz ist sowohl Zier- als auch Nahrungspflanze. Die feine Stärke des Rhizoms kann zu Kindernahrung und Krankenkost verarbeitet werden.

nahrungsmitteln und Krankenkost verarbeitet. Rhizome sind nur in den Anbauländern zu bekommen.

Heimat: Die eigentliche Heimat der Pfeilwurz ist Mittelamerika, wo heute noch der Großteil der Anbaumenge produziert wird. Sie wird aber auch in Indien und Afrika in beschränktem Umfang angebaut.

Pflanze: Die Pfeilwurz wird 1 bis 2 m hoch. Die Blätter sind langgestielt, elliptisch-spitz und entspringen entweder direkt aus dem Rhizom oder aus den Knoten der Stengel. Sie sind zweizeilig angeordnet. Die Blüten sind endständig und verzweigt ährenförmig. Das Rhizom selbst ist mit großen Schuppenblättern besetzt und macht fast den Eindruck einer riesigen Raupe.

Standort: Die Pflanze will einen hellen, sonnigen Standort mit Temperaturen von 20 bis 30 °C und hoher Luftfeuchtigkeit. Da die Pfeilwurz im Spätherbst abstirbt, können die Rhizome in der dunklen Jahreszeit völlig trocken bei Temperaturen nicht unter 15 °C aufbewahrt werden. Erst ab Ende Februar werden sie in neue Erde gesetzt und sofort wieder hell und warm gestellt, worauf der Neuaustrieb innerhalb 4 bis 6 Wochen erfolgt.

Boden, Substrat: Am besten sind lockere, luftige, lehmhaltige Böden mit ausreichendem Wasserabzugsvermögen. Dicht lagernde Böden sind ungeeignet. Die fleischigen Rhizome faulen in einem Boden, der Stau- oder Dauernässe aufweist, in kurzer Zeit.

Gießen: Obwohl die Pfeilwurz aus feuchtheißen Klimaten stammt, sollte man mit allzu vielen Wassergaben vorsichtig sein. Die Pflanze besitzt ein großes Wasseraneignungsvermögen und kann ähnlich wie der Yams noch Wasser aufnehmen, wenn andere Pflanzen schon zu welken beginnen. Eine leichte Ballenfeuchtigkeit reicht in der Zeit von Februar bis September. Ab Oktober wird das Gießen ganz eingestellt, damit die Rhizome ausreifen. Wenn das Laub vergilbt ist, werden die unterirdischen Organe der Pfeilwurz völlig trocken den Winter überdauern. Sie werden erst im Frühjahr in neue Erde gepflanzt.

Düngen: s. Taro *(Colocasia esculenta)* oder Süßkartoffel *(Ipomea batatas)* Seite 54 und 75.

Reife, Ernte: Vom Austrieb bis zur Reife vergehen bei der Pfeilwurz etwa 11 Monate. Wenn die oberirdischen Teile vergilben, kann mit der Rhizomernte begonnen werden. Die stärkereichen Knollen werden industriell, vorwiegend in Kindernährmitteln und Krankenkost, verarbeitet.

Vermehrung, Anzucht: Die Pfeilwurz wird aus zurückgeschnittenen Schöß-

> Die Blätter des Maulbeerbaums sind die Hauptnahrung der Seidenraupen.

lingen oder aus Teilen der Rhizome vermehrt. Im Februar werden sie in die Pflanzgefäße gebracht und nur leicht mit Erde bedeckt. Leicht angegossen und bei Temperaturen um 25 °C hell aufgestellt, zeigen sich die ersten Triebe nach ungefähr 3 Wochen.

Schwarzer Maulbeerbaum
Morus nigra
Familie: Moraceae

Pflanzen des Maulbeerbaumes, sowohl des weißen wie des schwarzen, werden von wenigen Firmen angeboten, die in Gartenzeitschriften inserieren. Früchte der schwarzen Maulbeere sind nicht im Handel.
Heimat: Die Schwarze Maulbeere stammt aus Persien. Heute wird der Baum überall in Europa angebaut, wo Weinklima herrscht.
Pflanze: Maulbeerbäume ähneln Birken und werden bis zu 10 m hoch. Sie sind im allgemeinen einhäusig, manche Sorten aber auch zweihäusig. Auf demselben Baum weisen die Blätter oftmals verschiedene Formen auf. Sie sind oval, ganzrandig, gezähnt, gelappt, herzförmig usw. Die Blüten stehen in Scheinähren. Die männlichen Blüten sind walzenförmige Kätzchen, die weiblichen Blütenstände sind eiförmig und fast sitzend. Die Früchte der Schwarzen Maulbeere sind schwarzrot gefärbt und schmecken süßsäuerlich. Sie ähneln Brombeeren. Die Früchte der Weißen Maulbeere schmecken fad. Ihre Blätter sind die Hauptnahrung der Seidenraupen.

Standort: Maulbeerbäume werden von den Eisheiligen bis zum Eintreten der ersten Nachtfröste im Herbst an einen sonnigen Platz gestellt. Sie vertragen Temperaturen im Topf bis nahe 0 °C, ausgepflanzt auch ein paar Grade darunter. Frosthart sind sie in unserem Klima nicht. Im Winter genügt ein kühler, trockener Platz im Keller, der gar nicht besonders hell zu sein braucht, da die Pflanzen im Herbst die Blätter abwerfen.
Boden, Substrat: Maulbeeren sind mit jedem humosen, durchlässigen Boden zufrieden. Empfindlich sind sie gegen Beengung ihres Wurzelraumes. Sie brauchen also große Töpfe und in den ersten Jahren regelmäßiges Umpflanzen.
Gießen: Die Pflanzen verbrauchen viel Wasser, da sie rasch wachsen. Die Erhaltung einer gleichmäßigen Ballenfeuchtigkeit ist wichtig. Dabei sollte Regenwasser verwendet werden. Maulbeeren sind zwar nicht gerade kalk-

Der Zwergbanane fruchtet im Gewächshaus, je nach Pflege, zwischen 18 Monaten und 3 Jahren.

feindlich, aber auf die Dauer vertragen sie ihn nicht. Im Winter darf nur so viel gegossen werden, daß die Wurzeln nicht eintrocknen.

Düngen: Infolge des raschen Wachstums braucht die Maulbeere alle 14 Tage von März bis August eine Düngergabe. Ab September sollte nicht mehr gedüngt werden, um ein Ausreifen des Holzes zu erreichen.

Reife, Ernte: Mehrjährige Maulbeerbäume blühen bei geeigneten Temperaturen den ganzen Sommer hindurch, unter Glas gehalten, fast das ganze Jahr. Die Hauptblütezeit ist Mai–Juni, die Haupternte August–September. Die Früchte werden im allgemeinen frisch verbraucht. Sie schmecken angenehm süßsäuerlich.

Vermehrung, Anzucht: Die Vermehrung der Maulbeere erfolgt am besten durch Stecklinge. Bleistiftstarke Zweige werden im Frühjahr abgenommen und so tief in Einheitserde gesteckt, daß 2 bis 3 Augen in das Substrat zu liegen kommen. Bei Temperaturen von 15 °C und schattig aufgestellt erfolgt die Wurzelbildung in 4 Wochen. Vorsicht, daß der Steckling nicht entgegen der Triebrichtung in den Boden kommt, sonst stirbt er ab. Nach Erscheinen der ersten 4 bis 6 Blätter kann verpflanzt werden; dabei den Wurzelballen nicht zerstören.

Zwergbanane
Musa acuminata (syn. Musa cavendishii)
Familie: Musaceae

Zwergbananen sind ganzjährig zu haben.

Heimat: Ursprünglich im südlichen China zuhause, heute weltweit in den Tropen und Subtropen angebaut.

Pflanze: *Musa acuminata* ist eine bis zu 2 m hohe Staude mit einer Rosette von 8 bis 12 Blättern, die bis zu 1,50 m lang und bis 0,40 m breit werden. Diese sind ungeteilt, frischgrün und von einer kräftigen Mittelrippe durchzogen. Zwischen den Seitennerven kann der Wind die Blätter einreißen, so daß sie wie gefiedert erscheinen. Den Stamm bilden die ineinandergeschachtelten Blattscheiden. Er kann bis zu 20 cm stark werden.

Durch ihn wächst der mächtige Blütenstand, der sich, nachdem er das Stammende erreicht hat, nach unten umbiegt. Die Farbe des Blütenstandes spielt von grün bis zu tiefem Weinrot. Am hängenden Blütenstand sind nur die obersten Reihen rein weiblicher Blüten zur Fruchtbildung befähigt. Alle anderen Blüten sind zwittrig oder männlich.

Die Früchte bilden sich, ohne daß eine Bestäubung vorangegangen sein muß. Man nennt diesen Vorgang »Parthenokarpie«. Jede Pflanze bringt in ihrem Leben nur einen Blüten- und Fruchtstand hervor und stirbt dann ab. Die Banane hat aber inzwischen einige Schößlinge gebildet, die abgenommen und weiterkultiviert werden.

Standort: Die Chinesische Zwergbanane ist in ihren Temperaturansprüchen nicht ganz so streng tropisch wie die hochwachsenden Sorten. Als Kübelpflanze kann sie in den wärmsten Monaten an eine sonnige, vor Wind geschützte Stelle gebracht werden. Am besten entwickelt sie sich aber ausgepflanzt auf das Grundbeet eines Warmhauses. Zu heiß kann es ihr im Freien oder unter Glas überhaupt nicht werden. Wichtig ist für die Banane, daß die Bodentemperatur im Winter nicht unter 12 °C absinkt. Temperaturen bis 10 °C werden noch vertragen. Dabei kommt das Wachstum zum Stillstand. Als Zimmerpflanze eignet sich die Banane nicht, da die zu ihrem Gedeihen nötige Luftfeuchtigkeit in bewohnten Räumen nicht geschaffen werden kann.

Boden, Substrat: An den Nährstoffgehalt des Pflanzgrundes und an seine Wasserdurchlässigkeit stellt die Banane hohe Anforderungen. Der Boden soll sehr humos sein, Komposterde vermischt mit Rinderdung fördert das Wachstum sehr.

Gießen: Die Banane verbraucht infolge ihres raschen Wachstums viel Wasser. Andererseits muß aber bei trübem oder kühlem Wetter das Gießen sofort eingestellt werden, da die Banane Staunässe bzw. schon einen mit Wasser gesättigten Boden nicht verträgt. Im Winter muß man mit dem Gießen sehr vorsichtig sein, da die fleischigen Wurzeln der Banane bei kühlem Boden rasch zur Fäulnis neigen. Sie reagiert bei zu kaltem Gießwasser mit einem Wachstumsschock, d. h. sie stellt für einige Zeit ihr Wachstum ganz ein.

Düngen: Ab März bis in den Spätherbst ist eine wöchentliche Düngergabe unerläßlich. Am besten ist auch hier organischer Dünger in Wasser aufgelöst, als Dungguß gegeben. Im Winter wird nicht gedüngt, da die Banane nicht oder kaum wächst, und bei trübem Wetter und zuviel Wasser Wurzelfäulnis eintritt.

Reife, Ernte: Die Banane fruchtet in unseren Glashäusern, je nach Pflege, zwischen 18 Monaten und 3 Jahren. Der Fruchtstand kann ein Gewicht von einigen Kilogramm erreichen. Man läßt die Früchte an der Pflanze, bis sie eine tiefgelbe Farbe erreicht haben. Dann werden sie abgenommen und ihrer Verwendung zugeführt. Das Aroma der im Glashaus gereiften Bananen ist hervorragend.

Vermehrung, Anzucht: Die Sorten unserer Obstbananen bilden keine Samen aus. Sie werden durch Schößlinge vermehrt. Diese werden mit bereits gebildeten Wurzeln abgenommen und an ihrem neuen Standort eingepflanzt. Selbstverständlich kann man den besten der vorhandenen Schößlinge stehen lassen und ihn an Ort und Stelle weiterpflegen. Ich habe die Erfahrung gemacht, daß Schößlinge mit einem konischen Stamm wesentlich besser tragen als solche mit einem geraden Stamm.

Im Handel sind Samenportionen mit einem Bild auf der Verpackung, das eine Banane zeigt, mit einem Bündel Früchte daneben. Hier soll offenbar dem Käufer suggeriert werden, er könne sich selbst Obstbananen ziehen. Das ist nicht möglich, da unsere Obstbananen nie Samen ausbilden. Hier handelt es sich um kleinfrüchtige andere Bananenarten, die ungenießbare, aber samentragende Früchte ausbilden.

Japanische Faserbanane
Musa basjoo
Familie: Musaceae

Die Japanische Faserbanane ist bei uns nur sehr schwer erhältlich. Man achte auf Inserate in Gartenzeitschriften.
Heimat: Südliches Japan.
Pflanze: Die japanische Faserbanane gleicht der Zwergbanane, nur wirkt sie

Die Japanische Faserbanane kann durch Schößlinge, die sich am Fuß der Mutterpflanze bilden, problemlos vermehrt werden.

in allen Teilen zierlicher. Ihre Blätter, die auch bei uns bis zu 2 m lang werden können, werden sehr leicht vom Wind eingerissen und wirken dann wie gefiedert. Die Faserbanane kommt in unserem Klima nur unter Glas zur Blüte. Die Blüte selbst gleicht im Habitus den anderen Bananen.
Standort: Durch ihre Herkunft aus dem südlichen Japan ist diese Banane bei weitem nicht so wärmebedürftig wie die anderen Arten. Bei Kübelkultur kann man die Pflanze nach den Eisheiligen bis Ende September an einen geschützten, sonnigen Platz ins Freie stellen.

Dieser sollte vor Wind abgeschirmt sein, da die Banane infolge ihrer großen Blätter sehr darunter leidet und ihr imposantes Aussehen verliert. Im Winter kommt die Banane an einen hellen, aber eher kühlen Platz. 10 °C werden ohne weiteres vertragen.
Boden, Substrat: s. Zwergbanane *(M. acuminata)* Seite 90.
Gießen: s. Zwergbanane Seite 90.
Düngen: Um ein allzu üppiges Wachstum zu vermeiden, genügt es, wenn alle 4 Wochen ein Dungguß gegeben wird. Wird besser ernährt, muß schon ein großer Überwinterungsraum vorhanden sein, um die Pflanze noch unterzubringen.
Reife, Ernte: Sowohl *Musa basjoo* als auch die in unseren Parks oft über den Sommer ausgepflanzte *Ensete ventricosum* (syn. *Musa ensete*) aus Abessinien bilden keine eßbaren Früchte aus. Sie blühen beide erst nach einer Reihe von Jahren. Die kleinen, bitteren Bananen enthalten aber keimfähigen Samen.
Vermehrung, Anzucht: Die Vermehrung von *Musa basjoo* und *Ensete ventricosum (syn. Musa ensete)* gleicht, was den Samen betrifft, dem Manilahanf (Textilbanane, *Musa textilis*). Außerdem kann *Musa basjoo* durch die an der Pflanze sich bildenden Schößlinge vermehrt werden. Wenn man diese an der Mutterpflanze 1/2 m groß werden läßt, haben sie bereits selbst Wurzeln gebildet und können problemlos abgenommen und weiterverpflanzt werden.

Die *Ensete ventricosum* bildet niemals Schößlinge aus. Die Samen dieser Banane sind in den Gartenfachgeschäften jederzeit zu kaufen. Aussaat im Herbst und in den Wintermonaten ist nicht zu empfehlen, da die Jahreszeit für die lichtbedürftige Banane zu dunkel ist. Alle Bananensamen sollen vor der Aussaat etwa 24 Stunden in 30 °C warmes Wasser gelegt werden, damit der Keimvorgang beschleunigt wird.

Manilahanf (Textilbanane) Musa textilis
Familie: Musaceae

Der Rohstoff dieser Bananenart, d. h. die Faser, wird nur auf gewerblichem Gebiet verwendet. Man verarbeitet sie für Papier und grobe Garne.
Heimat: Süd-Südostasien
Pflanze: Die Textilbanane ähnelt der Obstbanane. Sie wird etwa 3 m hoch. Der Scheinstamm hat einen Durchmesser bis zu 20 cm. Die bis zu 2 m langen Blätter sind zu einem Schopf zusammengefaßt.

Die Textilbanane bildet kleine, ungenießbare Früchte aus, die aber keimfähigen Samen enthalten. Das eigentliche Produkt der Pflanze sind die in den Blattscheiden enthaltenen Faserbündel, die, da sie schwer verrotten, auch für Gewebe verwendet werden können, die der Feuchtigkeit ausgesetzt sind.
Standort: Die Textilbanane ist an hohe Temperaturen und viel Feuchtigkeit angepaßt. Sie kann also bei uns nur unter Glas gehalten werden. Für das Zimmer oder Freiland ist sie nicht geeignet. Sie benötigt einen Platz, an dem sie viel Sonne bekommt. Hohe Luftfeuchtigkeit ist eine der hauptsächlichsten Voraussetzungen für gutes Gedeihen. Auch im Winter soll die Temperatur nicht un-

Der Ölbaum oder Olivenbaum wird heute regelmäßig in Gartencentern als Jungpflanze angeboten.

ter 15 °C fallen. Um die Textilbanane gut über den Winter zu bringen, ist eine Bodenheizung in Form eines Heizkabels von Vorteil.

Boden, Substrat: *Musa textilis* verlangt das gleiche Pflanzsubstrat wie die Zwergbanane (s. Seite 90).

Gießen: Die Pflanze muß gleichmäßig mit Wasser versorgt werden, aber es darf keine Staunässe entstehen. Das Gießwasser muß die Temperatur aufweisen, die im Raum herrscht, in dem die Pflanze wächst. Im Winter wird weniger Wasser gegeben. Eine leichte, gleichmäßige Feuchtigkeit soll im Ballen erhalten werden.

Düngen: In der Vegetationsperiode einmal wöchentlich mit organischem Dünger versorgen.

Reife, Ernte: Sollte die Textilbanane nach einigen Jahren blühen, können die Samen zur Weiterzucht verwendet werden. Eine Nutzung der Faser ist nicht möglich.

Vermehrung, Anzucht: Die Samen werden im Frühjahr oder Sommer in humosen Boden oder in reinen Torf 1 cm tief gesteckt. Über den Topf kommt der bekannte Plastikbeutel und das Ganze wird halbschattig und warm (etwa 25 bis 30 °C) gestellt. Je nach Alter des Samens erfolgt die Keimung innerhalb von 3 bis 6 Wochen. Was danach nicht gekeimt hat, ist verdorben. Die Textilbanane treibt aber auch Schößlinge, die in der bei der Zwergbanane geschilderten Form (s. Seite 90) weiterkultiviert werden können.

Ölbaum (Olivenbaum)
Olea europea
Familie: Oleaceae

Die Olive wird schon fast regelmäßig in Gartencentern als Jungpflanze angeboten. Bei Urlaubsreisen nach Italien oder

> Die Früchte der Feigenopuntien haben ein saftiges, leicht süßes, weiches Fruchtfleisch.

in den Tessin kann man in Baumschulen Jungpflanzen erwerben.
Heimat: Die rund um das Mittelmeer sind die Heimat des Ölbaums. Der Ölbaum wird aber auch in anderen klimatisch geeigneten Gebieten der ganzen Welt angebaut.
Pflanze: Der Ölbaum ist ein gedrungener, im Alter bis zu 12 m hoher Baum mit knorrigem, teilweise gedrehtem und durchbrochenem Stamm. Die lichte, weitverzweigte Krone trägt silbergrüne Blätter, die Weidenblättern ähnlich sind. Sie sind ganzrandig, lanzettlich und haben einen kurzen Blattstiel.

Die Blüten sind achselständig und sehen Ligusterblüten ähnlich. Sie erscheinen je nach den Temperaturverhältnissen von Februar bis April, beim Liebhaber kann es in schlechten Sommern auch Juli werden.

Früchte, die bekannten Oliven, bilden sich bei uns nur an den selbstfruchtbaren Sorten. Es gibt Öloliven, deren Fruchtfleisch höhere Ölgehalte aufweist, und Speiseoliven mit mehr Fruchtfleischanteil und geringerem Ölgehalt. Einen optischen Unterschied zwischen den Sorten gibt es nicht, obwohl einzelne Varietäten andere Blattformen haben. Die Bäume können sehr alt werden. Man glaubt, Bäume zu kennen, die um die 2000 Jahre alt sind.
Standort: Die Olive ist eine ausgesprochen »heliophile« Pflanze, d.h. sie benötigt sehr viel Sonnenlicht. Sie kann auch in einem hellen Zimmer gehalten werden, da die trockene Zimmerluft den Verhältnissen in ihrer Heimat entspricht. Besser aufgehoben ist der Ölbaum auf einem Balkon oder an einem geschützten Platz im Garten.

Dort kann er von den Eisheiligen bis zum Beginn der ersten Fröste stehenbleiben. Im Winter braucht die Olive einen hellen, aber kühlen Platz.
Boden, Substrat: Die Pflanzerde für den Ölbaum soll sehr gut durchlüftet sein und überschüssiges Wasser schnell ablaufen lassen. Daher kann in die Pflanzerde bis zu 1/3 Sand (Bausand) gemischt werden. Dabei kann der Boden durchaus kalkhaltig sein, denn die Olive ist eine kalkliebende Pflanze. Hoher Torfanteil in der Pflanzerde wirkt sich auf das Wachstum nicht günstig aus, da der Torf zuviel Wasser bindet. Auch wirken die Humussäuren des Torfes negativ auf die Wurzeln der Olive.
Gießen: Der größte Feind der Olive ist zu große Feuchtigkeit. Der Wurzelballen soll zwischen den Wassergaben immer wieder fast austrocknen. Hier hilft es nicht, mit dem Finger zu prüfen, ob die Erde noch feucht ist. Die Oberfläche kann bereits abgetrocknet sein, während das Balleninnere noch naß ist. Dieses Problem kann durch Hochheben der ganzen Pflanze gelöst werden. Am Gewicht erkennt man, ob gegossen werden muß oder nicht. Im Zweifelsfall läßt man es lieber. Bei zu großer Trockenheit wirft der Baum einige Blätter ab, die bei Wasserzufuhr wieder ersetzt werden. Der Ölbaum ist aufgrund seiner Herkunft sehr trockenresistent, während bei zuviel Nässe die Wurzeln faulen und die Pflanze eingeht.
Düngen: Die Olive nimmt mit magerem Boden vorlieb. Daher genügt eine Düngergabe zu Beginn der Vegetationsperiode und eine im Sommer. Mineraldünger kann verwendet werden, denn eine leichte Versalzung des Bodens wird gut

vertragen. Wichtig ist, daß ab August jede Düngergabe eingestellt wird, damit die Triebe gut ausreifen.

Reife, Ernte: Auch bei unseren Klimabedingungen lassen sich bei selbstfruchtbaren Sorten Früchte erzielen. Diese werden im Winter reif. Bei grünen Sorten wird ihre Farbe auch bei der Reife beibehalten. Dunkelfarbige Sorten nehmen diese Farbe erst bei Eintritt der Vollreife an.

Die Oliven können abgenommen in einer 10%igen Salzlösung eingelegt werden, wobei die Lösung solange gewechselt wird, bis sie klar bleibt. Die Kerne dieser Oliven werden trocken aufbewahrt und können im darauffolgenden Frühjahr zur Aussaat verwendet werden.

Vermehrung, Anzucht: Im April bis Mai werden etwa 20 cm lange Zweigspitzen bis zur Hälfte in feuchten Sand gesteckt, mit einer Plastikhaube versehen und an einen schattigen Platz gestellt. Die Bewurzelung erfolgt nach 2 bis 3 Monaten. Danach werden die Stecklinge möglichst ohne Zerstörung des Wurzelballens verpflanzt und vorsichtig an die Sonne gewöhnt.

Man kann auch Samen in lockeren, sandigen Boden säen, etwa 2 cm tief. Die Samen keimen, wenn sie frisch sind, nach 4 bis 6 Wochen, es können aber auch 2 bis 3 Monate vergehen. Also nicht die Geduld verlieren. Die Stecklingsvermehrung ist vorzuziehen, da hierbei später nichts veredelt werden muß.

Feigenopuntie (Feigenkaktus)
Opuntia ficus-indica
Familie: Cactaceae

Die Früchte des Feigenkaktus werden mitunter auf Obstmärkten angeboten. Besonders italienische Geschäfte führen sie gern.

Heimat: Ihre ursprüngliche Heimat ist unbekannt. Heute ist die Feigenopuntie weltweit in den trockenen Zonen der warmen Länder verbreitet.

Pflanze: Die Pflanze besteht aus bestachelten oder nicht bestachelten, scheibenförmigen oder ovalen Gliedern. Später entwickelt sich ein verholzender kurzer Stamm. Die Scheibenglieder können bis zu 2 cm Durchmesser erreichen. An den Rändern der Scheiben entwickeln sich gelbe Blüten, aus denen etwa hühnereigroße, gelbe Früchte hervorgehen. Diese bergen in ihrem Innern ein saftiges, leicht süßes, weiches Fruchtfleisch. Der Feigenkaktus kann

Feigenkakteen lassen sich bei uns sowohl im Freien als auch unter Glas kultivieren.

bei guter Pflege ein enormes Ausmaß erreichen. 1,5 m Höhe und gleiche Breite sind auch in unserem Klima zu erreichen.
Standort: Der Feigenkaktus gehört im Sommer ins Freie oder unter Glas in ein trockenes Sukkulentenhaus. In jedem Fall soll er soviel Sonne, wie überhaupt möglich ist, bekommen. In regenreichen Jahren ist ein Schutz vor zuviel Nässe angebracht.

Auch als Zimmerpflanze läßt sich der Feigenkaktus, zumindest als Jungpflanze, sehr gut halten, da er an trockene Luft angepaßt ist. Hier ist ein Südfenster der ideale Standort. Im Winter bezieht der Feigenkaktus einen kühlen Raum, der gar nicht einmal besonders hell zu sein braucht.
Boden, Substrat: Für den Feigenkaktus ist ein magerer, steiniger Boden ohne Torfzusatz notwendig. Er besiedelt an seinen natürlichen Standorten steinige, trockene Böden. Sind zu viele Nähr-

stoffe im Boden vorhanden, leidet der ganze Habitus der Pflanze.
Gießen: Der Feigenkaktus wird im Frühjahr zu Beginn seines Wachstums durchdringend gegossen. Danach ist Gießpause, bis der Topf oder Kübel wieder ausgetrocknet ist. Dann wird wieder gegossen und so geht es bis in den Herbst. Vom Winter bis zum Frühjahr bekommt der Feigenkaktus, außer es ist eine ganz junge Pflanze, keinen Tropfen Wasser.

In seiner Heimat herrschen im Sommer hohe Temperaturen und es gibt so gut wie keine Niederschläge. Die Wärme können wir ihm in unserem Winter nicht bieten, wohl aber die Trockenheit. Gießen wir den Feigenkaktus trotzdem, so fängt er völlig atypisch an zu wachsen und um die Blüte im kommenden Jahr ist es geschehen.
Düngen: Mit der Ernährung des Feigenkaktus entstehen keine Probleme. 1- bis 2mal in der Vegetationsperiode ein

Reis ist ein einjähriges Gras, das sich bereits drei Wochen nach der Aussaat bestockt.

Dungguß genügt vollständig. Zu mastige Pflanzen werden für Krankheiten anfällig und auch das ganze Erscheinungsbild ändert sich. Hier kann auch anorganischer Dünger verwendet werden, da der Kaktus gegen leichte Salzkonzentrationen im Boden unempfindlich ist.

Reife, Ernte: In warmen Sommern reifen die auf den Scheibengliedern sitzenden Früchte auch im Freiland aus. Erntezeit ist der Herbst. Wenn die Beeren ihre gelbe oder rötliche Farbe voll ausgebildet haben und die Schale auf Fingerdruck nachgibt, können sie abgenommen werden.

Dies sollte man nur mit Handschuhen tun. Am Grund der größeren Stacheln sitzen winzig kleine Glochidien, die sich bei jeder Bewegung der Hand tiefer in die Haut bohren. Hat man diese einmal auf die Haut bekommen, läßt man warmes Kerzenwachs auf die betroffene Stelle tropfen und wartet, bis das Wachs erhärtet ist. Dann kann es wieder mit den Glochidien zusammen vorsichtig entfernt werden.

Die Früchte werden mit dem Messer geschält und das Fruchtfleisch zusammen mit den darin enthaltenen Samen gegessen. In Italien werden dem Genuß der Opuntienfrüchte wohltuende Wirkungen auf die Nierenfunktion zugeschrieben.

Vermehrung, Anzucht: Hier braucht man sich nicht mit der Samenaufzucht befassen, da es in der Bundesrepublik genügend Spezialfirmen gibt, die ausschließlich Kakteen oder große Sortimente davon führen. Opuntien in allen möglichen Größen werden ganzjährig angeboten.

Reis
Oryza sativa
Familie: Gramineae

Reis ist überall im Handel. Da er aber in der Regel geschält ist, kann er nicht für Saatzwecke verwendet werden.

Heimat: Die ursprüngliche Heimat des Reises ist nicht genau feststellbar. Indien und China werden als mögliche Heimat bezeichnet. Von Südostasien aus verbreitete sich der Anbau nach Indonesien, Japan, bis in den Nahen Osten. Erst spät kam der Reis ins Mittelmeergebiet. Nach Amerika gelangte er erst vor über 300 Jahren, nach Südamerika nochmals 100 Jahre später. Heute wird er in tropischen und subtropischen Zonen der ganzen Welt angebaut.

Pflanze: Reis ist ein einjähriges Gras, das sich bereits 3 Wochen nach Aussaat zahlreich bestockt. Frühe Sorten werden 50 cm, spät reifende Sorten bis

Reis wird im Februar–März ohne Bedeckung dicht an dicht ausgesät.

1,5 m hoch. Der Halm hat manchmal fast meterlange und manchmal bis 2 cm breite Blätter. Die zur Reifezeit nikkende Rispe kann bis zu 1/2 m lang werden. Die Blütezeit dauert pro Rispe 5 bis 10 Tage. Selbstbestäubung ist sehr häufig, im gewerbsmäßigen Anbau besorgt der Wind diese Aufgabe.

Standort: Zu warm kann es dem Reis bei uns nicht werden. Am besten sagt ihm Unterglashaltung zu. In den wärmsten Monaten kann er aber auch an eine sonnige, geschützte Stelle gebracht werden. Eine Haltung im Zimmer ist nur schlecht möglich, hier ist es dem Reis auch am hellen Fenster zu dunkel.

Temperaturen zwischen 25 und 30 °C sagen dem Reis zu. Da die Pflanzen sehr lichthungrig sind, darf im Sommer auch unter Glas kein Schatten gegeben werden. Im Frühjahr und im Herbst ist es empfehlenswert, das Pflanzgefäß auf eine warme Unterlage zu stellen. Temperaturen unter 20 °C sind in diesen Jahreszeiten für die Wurzeln sehr schädlich. Reis wird ja im allgemeinen als Wasserreis gezogen, er steht also im Sumpf, daher sind nicht ausreichende Temperaturen die Ursache von Wachstumsstockungen.

Eine Überwinterung erübrigt sich, da Reis als einjähriges Gras im Herbst abgeerntet wird. Die Samen werden trocken, kühl und dunkel bis zur Neuaussaat im Frühjahr aufbewahrt.

Boden, Substrat: Reis benötigt einen schweren, lehmigen Boden, der sehr gut wasserhaltend sein muß. Torfzugaben müssen unterbleiben, die Pflanzen sind gegen Humussäuren empfindlich. Lehm, bis zu 1/3 mit kalkfreiem Sand vermischt, ist das richtige Gemisch. Organische Bestandteile in der Pflanzerde faulen, da der Reis den größten Teil des Jahres im Wasser steht.

Gießen: Während der ganzen Vegetationsperiode von Reis darf nur Regenwasser oder aufbereitetes Wasser verwendet werden. Bei Verwendung von Leitungswasser kämen zuviel Salze in den Boden, zumal der Wasserverbrauch bei warmen Temperaturen sehr hoch ist. Wenn die Halme gelb werden, können die Wassergaben reduziert oder ganz eingestellt werden.

Düngen: Sobald die Jungpflanzen etwa 15 cm hoch sind, kann mit dem Düngen begonnen werden. Bewährt hat sich eine 14tägige Gabe eines organischen Düngers, in Wasser aufgelöst, z. B. Jauche. Die Düngung wird bei Eintritt der Reife, also dem ersten Auftreten von gelben Halmen, eingestellt. Das dürfte in normalen Sommern Mitte bis Ende August sein.

Reife, Ernte: Nach Beendigung der Wachstumsperiode beginnt der Reis zu

Die Purpurgranadilla entwickelt eine ausgesprochen kunstvolle Blüte.

blühen. Um guten Kornansatz zu erhalten, ist es ratsam, blühende Rispen mit der Hand am Stiel zusammenzufassen und einige Male leicht zu schütteln, um den Blütenstaub gleichmäßig zu verteilen. Reis ist ein Windbestäuber. Diese Manipulation verspricht aber nur bei trockenem Wetter Erfolg. Die Rispen sind zuerst grün und werden bei zunehmender Reife gelblich. Sie werden geerntet, wenn sich die einzelnen Körner bei Fingerdruck hart anfühlen. Über den Winter werden sie kühl, dunkel und trocken aufbewahrt.

Vermehrung, Anzucht: Reis wird nur aus Samen vermehrt. Man braucht also keimfähiges Saatgut. Der käufliche Reis kann dazu nicht verwendet werden, da bei der Aufbereitung unter anderem auch der Keim mit entfernt wurde. In Reformhäusern gibt es ungeschälten Reis zu kaufen, wenn dieser nicht zu alt ist, keimt ein Teil der Samen.

Im Februar–März werden die Samen ohne Bedeckung auf humoses Substrat dicht an dicht ausgesät. Dieser Boden steht nicht im Gegensatz zu dem oben beschriebenen schweren Boden. Im Keimstadium findet noch keine Dauerüberstauung statt und die Wurzeln der jungen Pflanzen können leichter in die Erde eindringen. Bei 20 bis 25 °C an einem hellen, zu dieser frühen Jahreszeit auch sonnigen Platz, keimen die Samen nach 8 bis 14 Tagen.

Sobald die Jungpflanzen etwa 10 cm hoch sind, können sie verpflanzt werden. Das Gefäß, ein Kübel oder Topf ohne Abzugsloch, wird gut zur Hälfte mit der Lehmmischung gefüllt. Danach kann so viel Wasser aufgefüllt werden, daß der Lehm einige Zentimeter hoch bedeckt ist. Die Wurzeln der Jungpflanzen werden vorsichtig von ihrer Pflanzerde befreit, die kleinen Pflänzchen kommen nun bis zum Wurzelhals in das neue Substrat.

Der Wasserstand einige Zentimeter über der Bodenoberfläche kann bis zur Gelbreife beibehalten werden. Es schadet aber auch nicht, wenn zwischendurch der Wasserstand sinkt, da dadurch der Boden wieder belüftet wird. Die Wassertemperatur sollte während des Wachstums nicht viel unter 20 °C sinken.

Purpurgranadilla
(Passionsblume)
Passiflora edulis
Familie: Passifloraceae

Purpurgranadillen gibt es im Frühsommer und Sommer als Frischobst zu kaufen.

Aus den Früchten der **Purpurgranadilla** oder Passionsblume wird der wohlschmeckende Maracuja-Saft gewonnen.

Heimat: Ursprünglich in Brasilien beheimatet, wird *Passiflora edulis* heute viel in Afrika und Australien angebaut.

Pflanze: *Passiflora edulis* ist eine kletternde, mehrere Meter lange Liane. Die Blätter sind tief dunkelgrün und dreilappig. Die in den Blattachseln entspringenden, großen weißen Blüten sind selbstfertil, d. h., sie können mit eigenem Blütenstaub befruchtet werden. Die Früchte wachsen sehr schnell auf Hühnereigröße heran, hängen aber dann noch einige Monate an der Pflanze, ehe sie sich purpurviolett umfärben.

Das leicht schleimige Fruchtfleisch ist von süßsäuerlichem Geschmack. Die vielen Samenkerne werden mitgegessen. Bei der Bestäubung der Blüten muß man warten, bis sich die Staubgefäße öffnen, d. h. bis der Pollen, der nach dem Öffnen der Blüte wachsartige Konsistenz hat, pulverförmig geworden ist. Die Purpurgranadilla wird im Frühjahr bis auf etwa 30 cm zurückgeschnitten. Der bei uns als »Maracuja« angebotene Fruchtsaft stammt aus den Früchten dieser Pflanze.

Standort: Die Purpurgranadilla kann volle Sonne vertragen, sowohl unter Glas wie auch als Kübelpflanze im Freien. Dort bekommt sie von den Eisheiligen bis gegen Ende September einen windgeschützten Platz. Ausgepflanzt unter Glas entwickelt sie sich am besten. In der Zimmerkultur ist *Passiflora edulis* als Obsterzeuger weniger geeignet, da sie eben sehr umfangreich wird. Als Blütenpflanze kann sie auch im Zimmer kultiviert werden. Im Winter verlangt sie einen hellen, aber eher kühlen Platz bei 10 bis 15 °C.

Boden, Substrat: Als Pflanzsubstrat hat sich Einheitserde, vermischt mit 1/3 Torf bewährt.

Gießen: *Passiflora edulis* braucht infolge ihres raschen Wachstums im Frühjahr und ihres dichten Blattwuch-

Blüte und Frucht der Riesengranadilla, die bis zu 25 cm lang und 20 cm dick werden kann.

ses viel Wasser. Besonders wenn die Pflanze Früchte angesetzt hat, darf keine Trockenperiode eintreten, da diese sonst abgeworfen werden. Im Winter soll eine gleichmäßige, aber eher leichte Ballenfeuchtigkeit erhalten werden, abhängig von der Temperatur des Überwinterungsraumes.

Düngen: Die Purpurgranadilla spricht sehr gut auf Düngergaben an. Bis zum Beginn der Blütezeit kann alle 4 Wochen gedüngt werden. Mehr nicht, sonst bildet die Pflanze zuviel Kraut und wird blühfaul. Nach dem Ansetzen der Früchte kann auf 14tägige Düngung übergegangen werden. Ende August wird die Düngung eingestellt, da mit sinkendem Licht der Neutrieb aufhört.

Reife, Ernte: Die Früchte sind reif, wenn sich die Schale dunkelviolett verfärbt hat. Die Schale ist nicht genießbar, das Innere wird mit den Samenkörnern verzehrt.

Vermehrung, Anzucht: Aus einer gekauften Frucht wird der Samen entnommen und vom anhaftenden Fruchtfleisch gereinigt. Die Aussaat erfolgt im Frühjahr in humose Erde oder in Torfkultursubstrat. Die Samen werden nicht bedeckt. Über das Ganze kommt eine Folienabdeckung. Der Topf wird halbschattig bei etwa 20 bis 25 °C aufgestellt. Nach etwa 14 Tagen bis 3 Wochen setzt die Keimung ein.

Man kann es bei *Passiflora edulis* auch mit der Stecklingsvermehrung versuchen. Ein halbreifer, etwa 20 cm langer Trieb wird unter einer Blattachsel geschnitten und in feuchten Torf gesteckt. Die Anwendung von Wurzelfix beschleunigt die Wurzelbildung und mindert daher die Fäulnisgefahr. Bei 20 °C und einem schattigen, aber hellen Standort setzt die Wurzelbildung nach etwa 3 Wochen ein.

Riesengranadilla
Passiflora quadrangularis
Familie: Passifloraceae

Die Früchte sind nur sehr sporadisch auf größeren Obstmärkten zu finden.

Heimat: Die Riesengranadilla ist im tropischen Amerika zuhause.

Pflanze: Die Riesengranadilla ist ebenfalls eine rankende Pflanze. Sie besitzt handgroße, spitzovale, hellgrüne Blätter. Aus den handtellergroßen Blüten entwickeln sich Früchte, die bis zu 25 cm lang und 20 cm dick sein können. Ihre Ranken können mehrere Meter lang werden. Sie verzweigen sich immer wieder, so daß eine einzige Pflanze mehrere Meter hoch und breit werden kann.

Standort: Die Riesengranadilla wächst nur unter Glas bei subtropischen oder tropischen Bedingungen. Kübelkultur ist möglich, aber es muß sich um ein großes Gefäß handeln. Eine Kultur im Zimmer ist nicht möglich. Sie verträgt volle Sonne bei Temperaturen, die auch über 30 °C steigen können. Den Winter über läßt man die Riesengranadilla etwas trockener und bei Temperaturen nicht unter 15 °C stehen.
Boden, Substrat: s. Purpurgranadilla *(Passiflora edulis)* Seite 100.
Gießen: s. Purpurgranadilla *(Passiflora edulis)* Seite 100.
Reife, Ernte: Die Riesengranadilla wird bei den Möglichkeiten des Liebhabers, wenn er nicht über ein großes Glashaus verfügt, kaum zum Blühen kommen. Bei der Frucht dieser Pflanze wird nicht nur das Innere verzehrt. Die dicke, fleischige Fruchtschale kann als Kompott oder Gemüse gegessen werden.

Vermehrung, Anzucht: *Passiflora quadrangularis* kann nur aus Samen gezogen werden. Die Anzucht erfolgt wie bei der *Passiflora edulis* (s. Seite 101).

Avocadobirne (Aguacate, Avocado)
Persea americana
Familie: Lauraceae

Avocados sind als Frischobst ganzjährig zu kaufen.
Heimat: Zentralamerika ist die Heimat der Avocado. Sie wird heute weltweit in geeigneten Klimazonen angebaut.
Pflanze: Die Avocado ist in ihrer Heimat und in den Anbauländern ein bis zu 15 m hoher Baum mit spitzovalen, dunkelgrünen Blättern. Der Baum trägt endständige Trauben mit sehr kleinen, grünen Blüten. Aus ihnen entwickelt

Die bekannte, birnenförmige Avocado (ganz links) gibt es bei uns ganzjährig zu kaufen.

Zur Vermehrung wird der Avocadokern 2 bis 3 cm tief in den Boden gesteckt. Der größte Teil des Kerns ragt frei aus der Erde, damit er sich, wenn der Keimling zu wachsen beginnt spalten kann.

sich die bekannte, birnenförmige, grün- bis graunrote Frucht. Es gibt den mexikanischen Typ mit kleinen Früchten, den westindischen Typ mit glattschaligen, großen Früchten und den Guatemala-Typ mit narbenschaligen, großen Früchten. Die Frucht ist bei ihrem großen Fettgehalt mehr als Gemüse denn als Obst zu betrachten. Der mexikanische Typ gilt als am wenigsten kälteempfindlich.

Standort: Der Avocadobaum kann sowohl im Kübel gezogen als auch ins Grundbeet eines Gewächshauses gepflanzt werden. Die Kultur im Freiland ist nur in den wärmsten Monaten an einer sonnigen, windgeschützten Stelle möglich. Unter Glas verträgt er auch in den Sommermonaten volle Sonne. Die Temperatur darf dabei über 30 °C ansteigen.

Im Winter braucht die Avocado einen hellen, aber nicht zu kühlen Standort. 15 °C sollen nicht viel unterschritten werden. Wenn der Baum im Laufe der Jahre die Maße des Unterbringungsraumes zu sprengen droht, kann er zurückgeschnitten werden. Er treibt aus den Blattachseln wieder aus und kann auch als Strauch gezogen werden.

Boden, Substrat: Der Avocado kann in Einheitserde kultiviert werden, die mit einer Beigabe von Quarzsand etwas magerer gemacht wird.

Düngen: Eine Düngung alle 4 Wochen während der Vegetationsperiode genügt für ein ausreichendes Wachstum. Da die Avocado als Kübelpflanze kaum zum Blühen kommt, ist ein schnelles Wachstum gar nicht erwünscht. Es ergibt sich eine hübsche Blattpflanze, die nicht jeder hat.

Gießen: Die Avocado ist empfindlich gegen stehende Nässe und Salzanreicherungen im Boden. Deshalb immer wieder in den Gießpausen etwas austrocknen lassen und organischen Dünger verwenden. Reine Naturdünger kann man in jedem Gartencenter bekommen. Im September wird jede Düngung eingestellt, da der Baum sonst weiterwächst und seine Triebe infolge Lichtmangels so dünn werden, daß sie sich selbst nicht mehr zu tragen vermögen. Diese müssen dann im Frühjahr sowieso weggeschnitten werden.

Im Winter wird nur eine leichte Ballenfeuchtigkeit erhalten. Trotzdem muß auch in der kalten Jahreszeit alle paar Wochen Wasser gegeben werden, da die Avocado ihre Blätter behält.

Reife, Ernte: Der Liebhaber wird kaum Avocado ernten können, man muß dazu mehrere Bäume verschiedener Gruppen haben. Alle Avocados sind protogyn, d.h., die Narben werden vor den Staubgefäßen reif. Selbstbefruchtung ist damit ausgeschlossen. Wenn bei einer Gruppe die Narben empfängnisfähig sind, müssen bei der anderen Gruppe die Pollen reif sein.

Vermehrung, Anzucht: Aus einer Frucht wird der große Kern entfernt und mit der Unterseite etwa 2 bis 3 cm tief in torfhaltigen Boden gesteckt. Der größte Teil des Samens ragt frei aus der Erde. Nach leichtem Angießen wird über das Pflanzgefäß ein durchsichtiger Folienbeutel gezogen. Der Topf wird hell, aber nicht sonnig bei etwa 20 bis 25 °C aufgestellt.

Der Kern muß deshalb frei in der Topferde stehen, damit er sich, wenn der Keimling zu wachsen beginnt, spalten kann. Dieser Vorgang verhindert, daß sich der junge Trieb krümmt und eventuell eingeht. Mit dem Erscheinen des 4. Blattes wird der Beutel abgenommen und die Pflanze normal weiterkultiviert. Den Kern nicht gewaltsam entfernen, sondern warten, bis der langsam vertrocknende Rest von selbst abfällt.

Dattelpalme
Phoenix dactylifera
Familie: Palmae

Die Früchte der Dattelpalme werden bei uns ganzjährig angeboten. In größeren Märkten sind zur Erntezeit der Datteln auch baumfrische Früchte zu haben. Die bei uns als Pflanzen angebotenen Palmen sind keine Dattelpalmen, sondern die nahe verwandte Kanarische Dattelpalme, die buschiger wächst, aber keine genießbaren Früchte trägt.
Heimat: Wildformen der Dattelpalme sind nicht bekannt. Sie ist eine alte Kulturpflanze mit großer wirtschaftlicher Bedeutung.
Pflanze: Die Dattelpalme wird 15 bis 25 m hoch, mit einem großen Stamm, der mit Blattresten besetzt ist. Die 40 bis 60 Fiederblätter werden bis zu 4 m lang und bilden einen Schopf. Sie bleiben einige Jahre an der Pflanze.

Die Dattelpalme ist zweihäusig. Die rispigen, reichverzweigten Blüten kommen aus den Blattachseln. Im jugendlichen Zustand sind sie von 2 großen, holzigen Deckblättern eingehüllt. Die weiblichen Blüten sind wesentlich lockerer angeordnet, während die männlichen Blüten sehr dicht sitzen.

Die Farbe der ersteren ist weiß, die weiblichen Blüten sind mehr grünlich. Aus ihnen entwickeln sich die länglichen Beerenfrüchte, die bekannten Datteln. Diese sind zuerst grün, dann gelb, rot oder gar schwärzlich. Das Fruchtfleisch ist bei manchen Sorten weich, zuckerhaltig und duftend, bei anderen Sorten härter und trockener. Die Dattel ist ein Windbestäuber. Die männlichen Pollen halten sich monatelang frisch und werden sogar gehandelt.
Standort: Die Dattelpalme liebt viel Wärme und Licht. Zu warm kann es ihr bei uns nicht werden. Sie kann sowohl im Zimmer als auch den Sommer über im Freien gepflegt werden. Lufttrockenheit macht ihr nichts aus. Sie ist im Gegenteil sogar erwünscht. Im Sommer steht die Dattelpalme im Freien in voller Sonne, von Herbst bis Frühjahr kann sie an einem hellen Fenster stehen, die Temperaturen können bis auf 10 °C sinken.
Boden, Substrat: Die Pflanze ist nicht besonders anspruchsvoll. Humose Erde mit 1/3 Lehmanteil sagt der Dattelpalme zu. Die fleischigen Wurzeln sind gegen zuviel Nässe empfindlich, das Pflanzsubstrat muß überschüssiges Wasser abgeben können. Beim Verpflanzen ist darauf zu achten, daß die neue Erde sehr fest eingepreßt wird, eventuell nimmt man ein Stückchen Holz zu Hilfe. Verpflanzt wird erst, wenn die Wurzeln den Ballen aus dem Topf heben.
Gießen: Das ganze Jahr soll eine leichte Ballenfeuchtigkeit vorhanden sein. Im Winter muß je nach Temperatur des Raumes der Feuchtigkeitsgehalt der Pflanzerde konstant gehalten werden.

Wenn die Dattelpalme jedes Jahr in neue Erde kommt, kann auch mit nicht zu hartem Leitungswasser gegossen werden, das aber immer vorher auf Raumtemperatur gebracht werden muß.

Düngen: Düngergaben brauchen bei Dattelpalmen nur alle 2 Monate gegeben werden, da sie ja nicht zu schnell wachsen sollen. Andernfalls passen sie nach einigen Jahren in keinen Überwinterungsraum mehr. Es kann Mineraldünger verwendet werden, da die Dattel einen Salzgehalt im Boden bis zu 3% verträgt.

Reife, Ernte: Dattelpalmen kommen in unserem Klima nicht zum Tragen. Das nördlichste Vorkommen ist Elche in Südspanien, aber auch dort wird kaum Ertrag erzielt. Die Palmen werden dort wegen ihrer langen Fiederblätter kultiviert.

Vermehrung, Anzucht: Dattelpalmen werden bei uns aus Samen vermehrt. Dabei keimen die verpackten Datteln in der Regel leichter als die Samenkerne der frischen Früchte. Wahrscheinlich werden diese doch nicht ganz ausgereift geerntet. Die Samen werden 2 bis 3 Tage in lauwarmes Wasser gelegt, dann 1 bis 2 cm tief und flach in die Pflanzerde gedrückt. Bei hellem und warmem Stand wird leicht angegossen. Je nach Alter der Samen erfolgt die Keimung nach 2 bis 6 Monaten. Dattelpalmensamen kann nach 2 Jahren noch keimen.

Die Jungpflanzen haben zunächst spitze, lanzettliche Blätter. Danach kommt eine Zwischenform, die gegabelte Spitzen aufweist. Erst die nächsten Blätter weisen die charakteristische Blattform mit Fiederblättern auf. Beim Verpflanzen der Keimlinge muß unbedingt darauf geachtet werden, daß der am Keimling hängende Samenkern nicht entfernt wird, da in diesem Stadium die Leitungsbahnen noch durch den Kern laufen.

Kapstachelbeeren fruchten auch bei uns zuverlässig, wenn sie einen sonnigen und warmen Platz an einer Südwand bekommen.

Kapstachelbeere
Physalis peruviana
Familie: Solanaceae

Die Früchte werden im Frühjahr und Sommer in den Obstabteilungen großer Warenhäuser angeboten.

Heimat: Ihre Heimat ist Südamerika. Sie wird heute in Südafrika im Großen angebaut.

Pflanze: Die Kapstachelbeere ist weder verwandt mit der europäischen Stachelbeere, noch besitzt sie im Aussehen irgendeine Ähnlichkeit mit dieser. Sie ist ein ein- bis mehrjähriges Kraut mit weichen, behaarten, spitzovalen, eigroßen Blättern. In den Blattachseln, besonders in der Nähe der Triebspitzen, erscheinen die blaßgelben Blüten, die mit eigenem Blütenstaub befruchtet werden können.

Es entwickeln sich kirschgroße, bei Vollreife gelbliche Beeren von süßsäuerlichem Geschmack, die von einem aufgeblasenen, trockenen Hüllkelch umgeben sind. Sie gleichen der in unseren Gärten als Lampionblume oder Judenkirsche gehaltenen Zierpflanze. Die Kapstachelbeere erreicht eine Größe von 1 bis 1,5 m.

Standort: Wenn sie einen sonnigen und warmen Platz an einer Südwand bekommt, fruchtet die Pflanze auch bei uns zuverlässig. Wind verträgt sie schlecht, da ihre krautigen Stengel leicht brechen. Wenn die Kapstachelbeere mehrjährig kultiviert werden soll, braucht sie im Winter einen hellen, aber kühlen Platz. Wachstum im Winter soll unbedingt vermieden werden, da die Pflanze bei den schlechten Lichtverhältnissen in dieser Jahreszeit nur lange Triebe produziert, die sich selbst nicht zu tragen vermögen und im Frühjahr doch weggeschnitten werden müssen.

Boden, Substrat: Als Pflanzsubstrat ist der Kapstachelbeere jeder humose und lockere Boden recht.

Gießen: Durch die weichen, grünen Blätter der Pflanze verdunstet an warmen Tagen eine Menge Wasser, das laufend ersetzt werden muß. Ballentrokkenheit verträgt die Kapstachelbeere nicht. Da die Blätter im Winter nicht abgeworfen werden, muß auch in dieser Jahreszeit für eine ständige leichte Ballenfeuchtigkeit gesorgt werden. Im Winter ist es am besten, erst zu gießen, wenn die Blätter beginnen, sich zu senken.

Düngen: Um ein gutes Wachstum und einen ausreichenden Fruchtansatz zu bekommen, ist eine wöchentliche Düngergabe in der Wachstumszeit erforderlich. Ab Ende August kann die Nährstoffversorgung eingestellt werden.

Der Pfeffer ist eine Kletterpflanze mit unscheinbaren Blüten. Aus den Fruchtknoten entwickeln sich die zunächst grünen Körner.

Wenn die Pflanze für den Überwinterungsraum zu groß werden sollte, kann sie bis auf die Hälfte zurückgeschnitten werden. Vor allem die abgeernteten Zweige können weggenommen werden, da die Kapstachelbeere nur am Neutrieb fruchtet.

Reife, Ernte: Die Früchte sind reif, wenn der sie umgebende Kelch strohig trocken ist. Die Beeren weisen dann eine blaßgelbe Färbung auf. Sie können roh gegessen oder bei größeren Mengen auch zu vorzüglichen Marmeladen verarbeitet werden. Die in den Früchten vorhandenen, winzigen Samen werden mitgegessen.

Vermehrung, Anzucht: Die jetzt schon in Gartenfachgeschäften angebotenen Samen werden in Einheitserde ausgebracht, und zwar in der Weise, daß sie fein über die Oberfläche verteilt, aber nicht mit Erde bedeckt werden. Ein über den Topf gezogener Klarsichtbeutel hält eine konstante Luftfeuchtigkeit. Der Saattopf wird schattig bei etwa 20 bis 25 °C aufgestellt.

Nach der Ausbildung des 2. Blattpaares muß vereinzelt werden. Man erhält immer viel mehr Pflanzen als man benötigt. Aussaaten im Frühjahr versprechen den größten Erfolg. Gut gehaltene und gepflegte, im Februar angezogene Kapstachelbeeren können bereits im Sommer blühen.

Pfeffer
Piper nigrum
Familie: Piperaceae

Die getrockneten Früchte der Pflanze, der Pfeffer, wird gemahlen oder als ganze Körner angeboten. Schwarzer und weißer Pfeffer stammen von derselben Pflanze. Sie wurden nur verschieden aufbereitet.

Heimat: Die Pfefferpflanze stammt wahrscheinlich aus dem südlichen indischen Raum. Heute sind Pfefferkulturen im inneren Tropengürtel überall da angelegt, wo ausreichende Niederschläge fallen.

Pflanze: Der Pfeffer ist eine Kletterpflanze, die im unteren Teil verholzt, weiter oben aber grün bleibt. Der bleistiftstarke, knotige Stamm ist biegsam und bildet Adventivwurzeln, mit denen der Pfeffer, ähnlich dem Efeu, 10 bis 15 m hoch wachsen kann. Die Blätter sind dunkelgrün mit deutlicher Nervatur, dick und wechselständig mit einem kurzen Stiel. Die Blüten sind unscheinbar und bilden hängende Ähren. Sie sind meist eingeschlechtlich, Kulturpflanzen sind meist einhäusig. Aus den Fruchtknoten bilden sich Ähren mit 20

bis 30 Körnern, die zuerst grün und mit zunehmender Reife rot werden.
Standort: Pfeffer verlangt ganzjährig einen hellen Stand unter Glas bei Temperaturen nicht unter 18 °C. Zimmerkultur ist nur im klimatisierten Blumenfenster möglich. Einen Aufenthalt im Freien verträgt der Pfeffer in unserem Klima nur an einem sonnigen, zugfreien warmen Standort in den wärmsten Wochen des Jahres. Bereits Mitte August kann es ihm schon wieder zu kalt werden. Auch im Winter verlangt die Pflanze einen hellen Stand und Temperaturen nicht unter 18 °C.
Boden, Substrat: Die Pflanze verlangt einen durchlässigen lockeren Boden mit hohem Humusgehalt. Pflanzerde mit zu hohem Torfanteil, die sich lange Zeit mit Wasser vollsaugt, ist ungeeignet. Einheitserde, die zu 1/3 mit Quarzsand vermischt wurde, sagt dem Pfeffer zu.
Gießen: Pfeffer verlangt gleichmäßige, leichte Bodenfeuchtigkeit. Bei Dauernässe oder gar Staunässe faulen die Wurzeln in kürzester Zeit. Besonders im Winter ist große Vorsicht geboten. Ein Wasserguß, danach eine längere sonnenlose Zeit, und das Malheur ist geschehen. Da hilft nur noch, die Pflanze mit dem Topf direkt auf ein Heizungsrohr zu stellen, damit die Temperatur im Wurzelbereich erhöht wird. Auf die Dauer verträgt der Pfeffer nur Regenwasser, da er eine nach der sauren Seite tendierende Bodenreaktion verlangt.
Düngen: Von März bis in den September hinein kann der Pfeffer alle 4 Wochen gedüngt werden. Ich habe auch hier die besseren Erfahrungen gegenüber dem mineralischen Dünger mit im Wasser aufgelöstem organischem Dung gemacht.
Reife, Ernte: Von der Blüte bis zur Ernte vergeht ungefähr ein halbes Jahr. Wenn die Früchte vor der Vollreife, etwa bei beginnender Rötung, geerntet werden, erhält man den schwarzen Pfeffer. Die Körner werden geerntet und getrocknet. Weißer Pfeffer wird vollreif geerntet. Dazu werden die Pfefferfrüchte in Wasser gelegt, bis sich das Fruchtfleisch löst. Dabei kommen die grauweißen Samen zum Vorschein, die anschließend getrocknet werden. Weißer Pfeffer schmeckt schärfer als schwarzer Pfeffer.
Vermehrung, Anzucht: Samen, die keimfähig sind, müssen aus den Anbauländern beschafft werden. Sie werden sofort zu jeder Jahreszeit in den Boden gebracht, da sie ihre Keimkraft schnell verlieren. Flach mit Erde bedeckt, hell und warm gestellt, keimen Pfeffersamen bereits nach 14 Tagen bis 3 Wochen.

Pfeffer wird heute aber vorwiegend durch Stecklinge vermehrt. Dazu benutzt man kräftige Zweige oder Wurzelschößlinge. Sie sollen etwa 30 bis 40 cm lang sein und kommen mit einigen Knoten unter die Erde. Die Blätter werden dabei um die Hälfte gekürzt. Durch überstülpen eines Folienbeutels wird die Luftfeuchtigkeit erhöht und die Verdunstung vermindert, da ja noch keine Wurzeln für den Wassernachschub sorgen können. 4 bis 6 Wochen soll nun der Steckling an einem hellen, warmen, aber vor Sonne geschützten Platz stehen. Sobald der Neutrieb sichtbar wird, kann die Hülle ohne weiteres abgenommen werden.

Die Pistaziennüsse sitzen in den Blattachseln. Sie werden etwa 3 cm lang und sind eiförmig.

Echte Pistazie
Pistacia vera
Familie: Anacardiaceae

Pistaziennüsse sind geröstet ganzjährig im Handel.
Heimat: Pistazien sind in Zentralasien und im Nahen Osten zuhause.
Pflanze: In ihrer Heimat wird die Pistazie ein bis zu 10 m hoher Baum. Sie besitzt graugrüne Fiederblätter. Aus den Blattachseln erscheinen unscheinbare Blütentrauben. Der Baum ist zweihäusig. Um Früchte zu erzielen, muß man also männliche und weibliche Bäume zusammenpflanzen. Die Pistaziennüsse sind etwa 3 cm lang und von eiförmiger Gestalt.
Standort: Da die Pistazie auch viel im Mittelmeergebiet angebaut wird, gehört sie entweder in ein Sukkulentenhaus oder im Sommer ins Freie an einen warmen, windgeschützten Platz. Volle Sonne wird ertragen. Nach oben ist der Wärme keine Grenze gesetzt, im Winter genügen 10 °C Wärme und ein Platz, der gar nicht einmal besonders hell zu sein braucht, da die Pistazie ihre Blätter im Spätherbst abwirft. Auch Zimmerkultur ist möglich, die Pistazie ist an trockene Luft angepaßt. In nassen Sommern muß der Pflanze Schutz vor Dauernässe geboten werden, da sonst Wurzelfäulnis einsetzt.
Boden, Substrat: Ein eher magerer, durchlässiger Boden sagt der Pistazie am meisten zu. Wichtig ist die Wasserdurchlässigkeit, da Staunässe sehr schnell zum Absterben der Wurzeln führt.
Gießen: An trockene Standorte angepaßt, soll der Pistazie erst wieder Wasser gegeben werden, wenn der Wurzelballen ausgetrocknet ist. Wird das einmal versäumt, wirft die Pflanze Blätter ab, die aber bei Wasserzufuhr wieder gebildet werden. Im Herbst werden alle Blätter abgeworfen, so daß im Winter nur eine ganz leichte Ballenfeuchtigkeit vorhanden sein muß, gerade soviel, daß die Wurzel nicht vertrocknet.
Düngen: Bei der Pistazie genügt eine Düngergabe zu Beginn und in der Mitte der Vegetationsperiode. Sie nützt infolge ihres relativ großen Wurzelballens alle Nährstoffe des Bodens aus, so daß die Pflanze allein beim nötigen Umstopfen wieder genug Nahrung zur Verfügung hat.
Vermehrung, Anzucht: Pistazien werden aus Samen vermehrt. Leider sind die bei uns erhältlichen Pistaziennüsse alle geröstet und haben dadurch ihre Keimkraft verloren. Man kann sich während eines Urlaubs in den Mittelmeerländern Samen beschaffen.

Die Erbeerguave ist ein strauchförmiges, kurzstämmiges Gewächs.

Dieser wird einige Tage in lauwarmes Wasser gelegt, danach auf die Oberfläche eines mit leicht angefeuchteter Kakteenerde gefüllten Topfes gelegt und nur leicht angedrückt. Die Samen sollen nur etwa zur Hälfte im Boden stecken. Keimdauer etwa 4 Wochen bei etwa 20 °C. Auf das Überstülpen eines Klarsichtbeutels kann verzichtet werden, um zu warme Verhältnisse zu vermeiden.

Erdbeerguave
Psidium cattleyanum
Familie: Myrtaceae

Früchte oder Pflanzen sind bei uns nur sehr schwer zu bekommen. Man achte auf Inserate in Gartenzeitschriften bzw. Auslagen von Feinkostgeschäften.
Heimat: Brasilien
Pflanze: Die Erdbeerguave ist ein strauchförmiges, kurzstämmiges Gewächs mit gegenständigen, fast eirunden, glänzend grünen Blättern. Die Blüten erscheinen wie bei der Guave *(Psidium guajava)* in den Blattachseln. Sie sind ebenfalls sehr ansehnlich mit ihren weit herausstehenden Staubgefäßen. Aus ihnen entwickeln sich kirschgroße, rote, säuerliche Beeren, die roh gegessen werden können.
Standort: Die Erdbeerguave ist härter als ihre Verwandte. Sie kann vom Frühjahr bis in den Spätherbst im Freien an einer sonnigen, geschützten Stelle gehalten werden. Frost verträgt sie nicht. Im Winter beansprucht sie einen hellen, aber kühlen Platz. Temperaturen unter 10 °C werden bei nur leicht feuchtem Wurzelballen gut ertragen.

Boden, Substrat: s. Guave *(Psidium guajava)* Seite 111.
Gießen: Die Erdbeerguave ist für eine regelmäßige Wasserversorgung dankbar, nimmt aber kurzzeitiges Austrocknen des Wurzelballens nicht übel. Nur wenn die Früchte ansetzen, soll eine gleichmäßige Wasserversorgung gewährleistet sein, sonst werden sie wieder abgestoßen. Je kühler im Winter die Temperatur des Überwinterungsraumes, desto trockener soll der Wurzelballen sein.
Düngen: s. Guave *(Psidium guajava)* Seite 111.
Reife, Ernte: Wenn die Beeren eine dunkelrote Färbung aufweisen oder von selbst abfallen, sind sie reif und können ohne weiteres roh verzehrt werden.
Vermehrung, Anzucht: s. Guave *(Psidium guajava)* Seite 112.

Guave
Psidium guajava
Familie: Myrtaceae

Im Frühjahr und Sommer sind sporadisch Früchte auf dem Markt.
Heimat: Ursprünglich aus den tropischen Zonen Amerikas stammend, ist

Das Fruchtfleisch der Guave duftet zwar hinreißend, schmeckt aber nur bescheiden.

die Guave heute weltweit in warmen Ländern verbreitet.

Pflanze: Die Pflanze bildet in den Anbaugebieten einen bis zu 10 m hohen Strauch oder Baum. Sie hat ganzrandige, gegenständige Blätter etwa von der Größe eines Kirschblattes. Die Seitennerven sind deutlich eingedrückt. Die ziemlich großen weißen Blüten stehen einzeln in den Blattachseln. Sie haben zahlreiche, weit herausragende Staubgefäße. Aus den mit eigenem Blütenstaub befruchteten Fruchtknoten entwickeln sich gelbe, birnenförmige Beeren mit einer wächsernen Schale.

Standort: Die Guave liebt die volle Sonne. Die Wärme darf im Sommer auf 30 °C und mehr ansteigen. An einem geschützten Platz kann sie im Sommer im Freien gehalten werden. Die Pflanze toleriert einen weiten Temperaturbereich. Im Winter gnügen 10 °C Wärme, allerdings wächst sie dann nicht mehr.

Auch als Zimmerpflanze ist die Guave brauchbar, doch sollte man sie in der dunklen Jahreszeit in ein kühles Zimmer stellen. Auf möglichst viel Licht will sie allerdings nicht verzichten. Wir dürfen nicht außer acht lassen, daß in den Tropen und Subtropen das Lichtangebot zu jeder Jahreszeit viel größer ist als in unseren Breiten.

Boden, Substrat: An das Pflanzsubstrat stellt die Guave keinerlei Ansprüche. Jede einigermaßen humose Erde ist geeignet. Sie sollte nur so beschaffen sein, daß durch das Gießen keine Verschlämmung eintreten kann, da sonst die Sauerstoffversorgung im Wurzelbereich nicht mehr möglich ist.

Gießen: Die Trockenresistenz der Guave ist beachtlich, aber eine gleichmäßige Wasserversorgung sichert ein ungestörtes Wachstum. Da der Strauch im Winter sein Laub behält, muß auch in dieser Jahreszeit Wasser gegeben werden. Allerdings um so weniger, je tiefer die Temperaturen fallen. Die Guave ist im Winter gegen Nässe empfindlich.

Düngen: Der Strauch fruchtet, im Gewächshaus auf das Grundbeet ausgepflanzt, ab dem 3. oder 4. Standjahr. Eine Düngergabe alle 4 Wochen sichert einen guten Ansatz von Früchten. Jungpflanzen, die noch nicht blühfähig sind, erhalten alle 6 bis 8 Wochen einen Dungguß. Außerhalb der Vegetationsperiode darf nicht gedüngt werden.

Reife, Ernte: Die nach der Blüte angesetzten Früchte wachsen rasch zur Größe einer kleinen Birne heran. Dann hängen sie aber noch einige Wochen am Strauch, ehe sie sich umfärben in ein helles Gelb. Reif sind sie, wenn sie auf

Der Granatapfel entwickelt in den Blattachseln schöne rote Blüten (rechts). Reife Granatäpfel (ganz rechst) werden samt der Schale mit der Hand weichgeknetet und der Saft dann getrunken.

Fingerdruck nachgeben oder wenn die Pflanze die Früchte selbst abwirft. Unter der dünnen Schale sitzt ein rosafarbenes, von mehr oder weniger vielen Samen durchsetztes Fruchtfleisch von hinreißendem Duft, aber nur bescheidenem Geschmack etwa zwischen Quitte und Himbeere. Die Früchte halten sich nicht und müssen verbraucht werden. Sie ergeben eine köstliche Konfitüre.

Vermehrung, Anzucht: Die Samen werden an die Oberfläche eines Topfes gelegt, der mit der oben beschriebenen Erdmischung gefüllt ist. An einem halbschattigen Ort dauert die Keimung etwa 3 bis 4 Wochen. Der übergestülpte Klarsichtbeutel hält die Luftfeuchtigkeit konstant und fördert den Keimvorgang.

Hat man in einem botanischen Garten einen Steckling erhalten, werden die Blätter entfernt, ohne die in den Blattachseln sitzenden Knospen zu verletzen. Der Sproß wird bei ungefähr 20 bis 25 °C schattig aufgestellt. Auch hier tritt eine Kunststoffolie in Aktion. Mit der Anwendung eines Bewurzelunghormones steigen die Chancen, daß der Steckling angeht. Nach 4 bis 6 Wochen sollten die ersten Blattspitzen des neuen Austriebes sichtbar sein.

Granatapfelbaum
(Granatbaum)
Punica granatum
Familie: Punicaceae

Granatäpfel sind als Frischobst vom Frühjahr bis Herbst zu kaufen.
Heimat: Er ist von Asien bis zu den Mittelmeer-Ländern beheimatet und wird heute in allen geeigneten Klimabereichen angebaut.

Pflanze: Der Granatapfel wächst baumartig oder strauchig. Er besitzt kleine, oval-lanzettliche Blätter, die eine frischgrüne Farbe aufweisen. Der Neuaustrieb ist rot gefärbt. Die Pflanze wirft in unserem Klima im Herbst die Blätter ab, in den Anbauländern wird das Laub oft behalten.

In den Blattachseln werden die schönen roten Blüten gebildet. Sie sind glokkenförmig, mit festem Kelch und mit in der Knospe geknitterten Blütenblättern. Sie erscheinen vorwiegend an den Enden der kurzen Sprosse.

Aus ihnen entwickeln sich die apfelgroßen Früchte, die Granatäpfel. Es wird immer wieder behauptet, die Frucht dieses Baumes habe der spanischen Stadt Granada ihren Namen gegeben. Sie führt auch einen geöffneten Granatapfel in ihrem Wappen. Der Name des Strauches kommt aber von »garnathah«, das heißt Berghöhle.

Von den fruchttragenden Sorten getrennt, gibt es auch eine Zwergform, die zuverlässig schon als kleine Pflanze blüht und teilweise auch fruchtet.

Standort: Der Granatapfel gehört vom Frühjahr bis in den späten Herbst an einen sonnigen, vor Wind geschützten Standort. Auch als Zimmerpflanze ist er geeignet, sofern er im Sommer auf den Balkon gestellt werden kann. Temperaturen knapp über dem Nullpunkt werden ertragen, wenn im Wurzelbereich nur eine leichte Feuchtigkeit vorhanden ist. Der Überwinterungsraum braucht gar nicht besonders hell zu sein, da die Pflanze ja ihre Blätter abwirft. Der Neuaustrieb im Frühjahr soll möglichst spät,

gegen Ende April, beginnen, da bei zu frühem Austrieb keine Blüte erfolgt.
Boden, Substrat: Der Granatapfel benötigt einen eher mageren Boden, wie ihn etwa Kakteenerde darstellt. Wichtig ist eine gute Durchlüftung, auch sollte mit Torf sparsam umgegangen werden, da dieser viel Wasser speichert. Um ein gutes Wachstum zu erreichen, ist sofort umzupflanzen, sobald die Wurzel den vorhandenen Raum ausgefüllt hat. Als Pflanze, die trockeneren Gebiete angepaßt ist, entwickelt der Granatapfel ein umfangreiches Wurzelwerk, dem die Pflanzgefäße angepaßt werden müssen.
Gießen: In der Wachstumsphase verlangt der Granatapfel reichlich Wasser. Zwischen den Gießpausen soll der Wurzelballen aber immer wieder leicht abtrocknen können, damit keine Staunässe entsteht. Den Wurzelballen im Winter nur leicht feucht halten. Je trockener er ist, desto tiefer können die Temperaturen im Überwinterungsraum sein.
Düngen: Eine Düngergabe alle 4 Wochen von Beginn der Wachstumsperiode bis Ende August genügt dem Granatapfel. Zu mastig gehaltene Pflanzen blühen sehr schlecht.
Reife, Ernte: Nur ältere Exemplare des Granatapfels kommen in warmen Sommern bei uns zum Fruchten. Meistens werden die quittenähnlichen Früchte in unserem Klima bis zum Winterbeginn gar nicht mehr reif, es sei denn, die Pflanzen werden unter Glas gehalten. Reife Früchte werden samt der Schale mit der Hand weichgeknetet und der Saft dann getrunken.
Vermehrung, Anzucht: Granatapfelbäume werden meistens durch Stecklinge vermehrt. Im Frühjahr werden reife oder halbreife Stecklinge von ungefähr 20 cm Länge geschnitten und in lockere Erde gesteckt. Bei 20 bis 25 °C bewurzeln sie sich in 4 bis 6 Wochen.

Zuckerrohr muß bei uns leider ganzjährig unter Glas gehalten werden. Es bildet hier leider kaum Zucker.

Zuckerrohr
Saccharum officinarum
Familie: Gramineae

Als Pflanze ist das Zuckerrohr im Handel nicht vorhanden. Bei Nachfrage bekommt man manchmal in botanischen Gärten einen Steckling, wenn zurückgeschnitten wird.

Heimat: Das Zuckerrohr ist zuerst in Indien angebaut worden und hat sich von dort aus nach Osten verbreitet. Durch die Araber kam es nach Westen, sodann durch die Portugiesen und Spanier nach den Westindischen Inseln und nach Mittel- und Südamerika.

Pflanze: Das Zuckerrohr ist ein mehrere Meter hohes Gras mit einem massiven, in Abschnitte gegliederten Stengel. Der Durchmesser dieser Stengel kann mehrere Zentimeter betragen. Die Farbe ist ein helles Grün, es kommen aber auch rötliche und rote Varietäten vor. Die Pflanze ist mehrjährig und bestockt sich von unten.

Die Scheiden der Blätter umschließen die nächsthöheren Glieder und fallen mit fortschreitendem Höhenwachstum ab. Das Blatt selbst ist je nach Varietät von 30 cm bis 2 m lang und 3 bis 6 cm breit. Die Blattkante ist messerscharf, so daß bei unvorsichtigem Hantieren Schnittwunden entstehen können. In unserem Klima findet beim Zuckerrohr keine Blütenbildung statt. Die Blüten haben Rispenform.

Standort: Das Zuckerrohr muß in unserem Klima ganzjährig unter Glas gehalten werden. Eine Pflege im Zimmer ist kaum möglich, allenfalls im Sommer an einem besonders warmen Platz an einer Hauswand. Die Pflanze gedeiht am besten unter tropischen Bedingungen zwischen 23 und 30 °C. Im Winter dürfen 15 °C nicht unterschritten werden, auch das nur bei relativ trockenem Wurzelballen.

Die Pflanze verlangt das ganze Jahr über soviel Licht wie möglich, so daß auch im Sommer unter Glas nicht beschattet zu werden braucht. Temperaturen unter 20 °C bringen die Pflanze zwar nicht um, das Wachstum verzögert sich jedoch beträchtlich. Die Nachttemperaturen können gegenüber den Tagestemperaturen jeweils um einige Grade absinken.

Boden, Substrat: Das Zuckerrohr stellt keine speziellen Ansprüche an das Pflanzsubstrat. Es sollte humos und durchlässig sein. Einheitserde ist das richtige.

Gießen: Zuckerrohr kann viel Wasser vertragen, sofern die Temperaturen hoch sind. Bei Kübelkultur ist auch zeitweise Überstauung möglich. In den kälteren Monaten sind jedoch die Wassergaben so zu reduzieren, daß nur noch eine leichte Ballenfeuchtigkeit vorhanden ist. Beim großen Wasserverbrauch der Pflanze ist Gießen mit Regenwasser zu empfehlen, um eine schädliche Salzanreicherung im Boden zu vermeiden.

Aus den Früchten der Lulo läßt sich eine wohlschmeckende Konfitüre herstellen.

Düngen: Beim schnellen Wachstum der Pflanze werden große Nährstoffmengen verbraucht. Deshalb sind ab Vegetationsbeginn bis Mitte bis Ende September Dunggüsse im Abstand von 10 bis 12 Tagen angebracht. Am besten hat sich eine Mischung aus Jauche und Mineraldünger bewährt. Eine Handvoll Rinderdung und eine halbe Handvoll Mineraldünger auf eine Gießkanne Wasser, das ganze einige Tage stehenlassen, umrühren, fertig. Diese Mischung hat sich auch bei allen anderen in diesem Buch beschriebenen Pflanzen seit Jahren bewährt.

Reife, Ernte: Angaben können entfallen, da das Zuckerrohr in unserem Klima kaum Zucker ausbildet.

Vermehrung, Anzucht: Zuckerrohr wird im allgemeinen durch Stecklinge vermehrt, die aus jedem Teil des Halmes geschnitten werden können. Sie sollen je einen Knoten enthalten. Diese Stecklinge werden flach oder schräg in Einheitserde gesteckt, so daß der Stengelknoten knapp unter die Oberfläche kommt. Mit einer Kunststoffolie abgedeckt und hell, aber nicht sonnig aufgestellt bei etwa 25 °C, treiben die Stecklinge schon nach einigen Tagen Wurzeln. Etwa 4 Wochen nach dem Stecken können sie bereits ausgepflanzt

werden. Für die Erstanzucht ist, wie bereits gesagt, die Hilfe eines botanischen Gartens nötig.

Lulo (Naranjilla)
Solanum quitoense
Familie: Solanaceae

Früchte und Samen werden bei uns nicht gehandelt. Saatmaterial kann nur in den Anbauländern oder aus einem botanischen Garten bezogen werden.

Heimat: Ursprünglich ist die Lulo in den Anden Südamerikas beheimatet. Ihr Anbau hat sich heute über Kolumbien und Ekuador bis nach der Ostküste Südamerikas ausgedehnt, soweit die klimatischen Gegebenheiten einen Anbau zulassen.

Pflanze: Die Lulo kann am geeigneten Standort bis 2 m hoch und breit werden. Sie besitzt bis 25 cm breite und ebenso lange, frischgrüne grobgekerbte Blätter. Die Blattadern können sich bei sonnigem Stand bis ins Rötliche verfärben. Die Blätter sind auf der Ober- und Unterseite mit vielen kurzen, starren Borsten versehen. Sowohl der krautige Stiel wie auch die Blätter sind dicht mit bis zu 2 cm langen, harten Stacheln versehen. Sogar die Fruchtstiele sind bestachelt. Die Blüten sind klein, weiß und ähneln in allem den Blüten der Tomate. Die Frucht, die durch Selbstbestäubung zustandekommt, ist zunächst grün und wird, sobald sie Kirschengröße erreicht hat, rot. Die Pflanze ist in unserem Klima einjährig.

Standort: Die Lulo, auch Naranjilla genannt, braucht bei unseren Klimaver-

Bei Kakaobaum entwickeln sich die Blüten und später die Früchte unmittelbar am Stamm und an den stärkeren Seitenästen. Was sich durch den Baum rankt sind Triebe und Blätter des Betelpfeffers.

hältnissen einen ganzjährigen Standort unter Glas. Nur in der wärmsten Jahreszeit kann sie an einen warmen Platz, eventuell vor eine sonnenbeschienene Mauer. Bei besonderem Einfühlungsvermögen ist auch eine Kultur am hellen Zimmerfenster möglich, aber wegen der starken Bestachelung nicht anzuraten, da die Lulo überall hängenbleibt, wenn man nur in ihre Nähe kommt. Im Herbst werden die oberirdischen Teile dürr. Diese Erscheinung zeigt sich innerhalb kürzester Zeit, so daß man zuerst glaubt, man habe einen Pflegefehler begangen.
Boden, Substrat: Die Pflanze ist nicht besonders anspruchsvoll. Die käufliche Einheitserde genügt völlig, um die Versorgung der Lulo in einer Vegetationsperiode sicherzustellen. Staunässe oder Dauernässe im Boden verträgt sie nicht.
Gießen: Die Lulo benötigt fortlaufend eine gleichmäßige Feuchtigkeit. Blätter, die einmal zu stark welken, erholen sich nicht mehr. Die Pflanze verträgt es nicht, wenn kaltes Wasser zum Gießen verwendet wird, also Wasser aus der Leitung zuerst stehen lassen, bis es die Umgebungstemperaturen angenommen hat.
Düngen: Wer der Lulo besonders viel Platz zur Verfügung stellen kann, sollte ihr alle 4 Wochen aufgelösten Dünger geben. Sie wächst sich dann zu einem besonders bizarren Strauch aus.
Reife, Ernte: Wenn sich die Beeren dunkelrot gefärbt haben, sind sie reif. Sie können aber noch Wochen am dürrer werdenden Strauch hängen bleiben, um nachzureifen. Beeren, die für die Samengewinnung verwendet werden, bleiben den Winter über in einem dunklen, nicht zu kalten Raum. Bei größeren Mengen kann eine wohlschmeckende Konfitüre hergestellt werden.
Vermehrung, Anzucht: Ist keimfähiger Samen vorhanden, wird genauso verfahren wie bei der Anzucht von Tomaten. Die Samen werden ganz knapp mit Boden bedeckt, hell und warm bei leichter Feuchtigkeit aufgestellt. Die Keimung setzt nach 2 bis 3 Wochen ein. Um eine volle Wachstumsperiode ausnützen zu können, sollte bereits im Februar ausgesät werden.

Kakaobaum
Theobroma cacao
Familie: Sterculiaceae

Samen und Pflanzen werden nicht angeboten. Möglichkeiten bestehen, sich bei einer Reise in die Karibik Schoten zu besorgen oder sich welche mitbringen zu lassen. In botanischen Gärten setzen Kakaobäume mitunter Samen an. Dort welche zu bekommen, setzt schon sehr gute Beziehungen voraus.
Heimat: Heute wird in Südamerika, namentlich in der Amazonasgegend die Heimat des Kakaobaumes gesehen. Die Spanier brachten den Kakao nach Europa. Heute bestehen außer in Südamerika auch Pflanzungen in Sri Lanka, Indonesien, Neuguinea, Zentral- und Westafrika.
Pflanze: Der Kakao wird in ausgewachsenem Zustand 4 bis 8 m hoch und besitzt bei einem Stammdurchmesser von etwa 25 cm eine dichtbelaubte, runde Krone. Die bis zu 30 cm langen, dunkelgrünen Blätter sind leicht

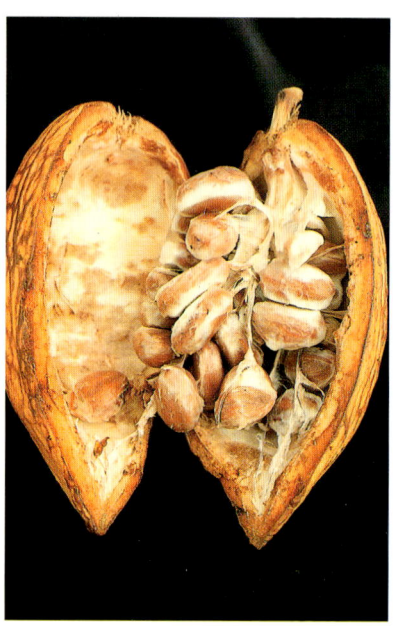

Die Kakaobohnen sind das Ausgangsprodukt für Schokolade und Kakaopulver.

abwärts geneigt; im Austrieb sind sie rosa gefärbt. Sie fühlen sich an, als wären sie aus Pergament gefertigt.

Interessant ist die Blühphase des Baumes. Der Kakao entwickelt seine Blüten unmittelbar am Stamm und an den stärkeren Seitenästen. Die Blüten sind nur 1 cm groß, von leicht gelblicher Farbe und völlig geruchlos. In seiner Heimat und in den Anbaugebieten blüht und fruchtet der Kakao das ganze Jahr hindurch. Die Früchte haben eine ovale bis gurkenähnliche Form und bei Reife eine orangerote bis dunkelrote Farbe. Sie werden 20 cm und länger. In ihnen liegen in Reihen die sogenannten Kakaobohnen, das Ausgangsprodukt für Schokolade und Kakao.

Standort: Der Kakaobaum kann nur im inneren Tropengürtel gut gedeihen, dementsprechend kann er nur unter Warmhausbedingungen erfolgversprechend gehalten werden. Er verlangt im Sommer Temperaturen bis 30 °C, die im Winter auf etwa 20 °C zurückgehen dürfen, aber niemals darunter. Diese 20 °C sollen im Wurzelballen herrschen, deshalb stelle ich meinen Kakao in dieser Jahreszeit mit dem Topf direkt auf ein Heizrohr.

Im Sommer will der Kakao als Unterholzpflanze des Urwaldes leichten Sonnenschutz, der im Herbst, Winter und Frühjahr entfällt. Zimmerhaltung ist zum Scheitern verurteilt, da der Kakao auf sehr hohe Luftfeuchtigkeit das ganze Jahr über angewiesen ist. Tägliches Übersprühen mit zimmerwarmem Wasser ist sehr förderlich.

Boden, Substrat: Kakao gedeiht am besten auf Böden mit schwach saurer Reaktion. Unsere Pflanzerde soll humos und torfhaltig sein. Auf dem Topfgrund hat sich als vorteilhaft eine 2 cm starke Quarzsandschicht erwiesen, da die Kakaowurzel gegen Staunässe sehr empfindlich ist. Wichtig ist auch, daß der Boden wasserhaltend ist, da ein ständiger Wechsel von Trockenheit und Nässe die Kakaopflanze auf die Dauer umbringt.

Gießen: Der Kakaobaum verlangt kalkfreies Wasser, das immer Zimmertemperatur haben soll. Gegen zuviel Nässe ist er sehr empfindlich, vor allem, wenn die Temperaturen um 20 °C liegen. Gleichmäßige Ballenfeuchtigkeit ist die Voraussetzung für ein gesundes Wachstum. In der kalten Jahreszeit muß das Gießwasser reduziert werden. Der Kakao ist viel weniger gegen kürzere Trockenzeiten empfindlich, als gegen starke Durchnässung. Öfteres Übersprühen ist sehr förderlich.

Düngen: Der Kakao ist sehr dankbar für eine Düngung in 4wöchigem Abstand während der Zeit von März bis September. Der frühe Beginn der Düngung erklärt sich aus dem Standort der Pflanze im Warmhaus. Dort veranlaßt ihn das zunehmende Licht bereits früh zum Austrieb, und das Wachstum setzt sich fast bis zum Winter fort. Die bereits beschriebene Mischung aus organischem und Mineraldünger (s. Seite 54) kann auch hier verwendet werden.

Reife, Ernte: Aussagen dazu können hier entfallen, da der Kakao fast nur in den großen Schauhäusern der botanischen Gärten fruchtet, wo er ausgepflanzt ist oder zumindest in großen Kübeln steht.

Vermehrung, Anzucht: Kakaobohnen verlieren sehr schnell ihre Keimkraft, sie müssen daher sofort nach Erhalt, ohne Rücksicht auf die Jahreszeit, ausgesät werden. Sie kommen in den gleichen Boden wie oben beschrieben. Vorher sollten sie etwa 25 Stunden in lauwarmem Wasser liegen, damit sie sich vollsaugen können. Die Bohnen kommen so tief in die Erde, wie sie selbst dick sind.

Frischer Samen keimt nach 14 Tagen. Die aufgehende Saat darf nicht der Sonne ausgesetzt werden. Ein heller Stand bei einer Luftfeuchtigkeit von über 80% und Temperaturen um 25 °C sind die idealen Bedingungen. Was nach 4 Wochen nicht aufgegangen ist, kommt auch nicht mehr. Nach Ausbildung des 2. Blattpaares kann vereinzelt werden. Dabei ist unbedingt darauf zu achten, daß ein kleiner Wurzelballen erhalten bleibt. Die Kakaowurzel darf beim Umpflanzen nicht geknickt werden.

Vegetative Vermehrungsarten für den Liebhaber sind Abmoosen und Stecklingsvermehrung. Beim Abmoosen wird ein Rindenstreifen von 2 cm Breite an einem fingerdicken Ast bis auf das Holz entfernt. Diese Stelle wird mit feuchtem Moos umwickelt und ständig feucht gehalten. Nach einigen Wochen sollten sich Wurzeln gebildet haben.

Stecklinge nimmt man von ausgereiften Trieben der Seitenäste in etwa 20 cm Länge. Sie werden in reinen Quarzsand gesteckt, da sie nur dort normale Wurzeln bilden. Unter einer Folie und schattig bei 30 bis 35 °C gehalten, bilden sich nach einigen Wochen Wurzeln. Weitere Vermehrungsmethoden haben für den Liebhaber keine Bedeutung. Markottieren und Stecklingsvermehrung werden in der Wachstumszeit ausgeführt.

Echte Vanille
Vanilla planifolia
Familie: Orchidaceae

Da Vanille ausschließlich aus Stecklingen vermehrt wird, Vanillepflanzen aber nicht angeboten werden, kann nicht auf den Gartenfachhandel zurückgegriffen werden. Da Vanille aber zu den Orchideen gehört, führt vielleicht die eine oder andere Orchideengärtnerei diese Pflanze. Meine eigene Pflanze stammt aus einem botanischen Garten.

Die Vanille zählt zu den Orchideen. Ihre schöne Blüte ist kompliziert gebaut.

Heimat: Beheimatet ist die Vanille in den feuchtheißen Wäldern des tropischen Amerika. Im vorigen Jahrhundert gelangten Stecklinge über die botanischen Gärten von Paris und Antwerpen nach Java. Da außerhalb der Heimat der Vanille das zur Bestäubung notwendige Insekt, ein Falter, fehlt, schlugen zunächst alle Kulturversuche fehl. Mit der Entwicklung der künstlichen Bestäubung von Hand breiteten sich Vanillekulturen vor allem in Indonesien und auf Madagaskar aus. Auf Tahiti wächst eine andere, weniger wertvolle Art.

Pflanze: Die Vanille besitzt einen fleischigen, bleistiftstarken, runden Stamm, der bis zu 10 m hoch ranken kann. An ihm sitzen die etwa 12 cm langen und bis zu 5 m breiten Blätter. Auch sie sind fleischig, von ovaler Form und stiellos. Den Blättern gegenüber stehen Luftwurzeln, mit denen die Pflanze klettern kann.

Aus den Blattachseln entwickeln sich grünlichweiße Orchideenblüten. Diese sind nur einige Stunden jeweils am Vormittag geöffnet und müssen in der Zeit befruchtet werden. Die Blüte der Vanille ist ziemlich kompliziert gebaut. Selbstbefruchtung ist ausgeschlossen, da sich zwischen Pollen und Narbe ein Häutchen befindet, das bei der manuellen Bestäubung nach hinten gestoßen wird, so daß nunmehr der Pollen auf die Narbe gelangen kann. Danach entwickelt sich eine bohnenähnliche Frucht im Verlauf von 4 bis 6 Wochen. Reif ist die Vanillefrucht jedoch erst nach weiteren 6 bis 9 Monaten.

Standort: Als Pflanze der feuchtheißen Gebiete gehört die Vanille in ein Warmhaus. Im Sommer kann es der Vanille bei leichtem Schatten nicht zu heiß werden, im Winter ist sie dagegen erstaunlich anpassungsfähig und übersteht bei Temperaturen um 15 °C diese Jahreszeit problemlos. Voraussetzung ist allerdings ein fast trockener Wurzelballen.

Zimmerhaltung ist nur in einem ausgebauten Tropenfenster möglich, einen Aufenthalt im Freiland verträgt sie nicht. Unbedingt notwendig ist eine Luftfeuchtigkeit nicht unter 70%. Auch muß sie die Möglichkeit haben, sich ihrer Natur entsprechend an irgendetwas hochranken zu können, da sie eine schlingende Orchidee ist.

Vanilleschoten entwickeln Duft und Aroma erst nach entsprechender Behandlung („Fermentierung").

Boden, Substrat: Das Pflanzsubstrat der Vanille besteht aus dem im Fachgeschäft käuflichen Orchideenpflanzstoff. Also ein brockiges Material, das sehr luftdurchlässig ist, da die fleischigen Wurzeln der Vanille sehr sauerstoffbedürftig sind. Auch Fichtenrinde, vermischt mit Moos, kann verwendet werden.
Gießen: Die Vanille verlangt als Orchidee Regenwasser oder enthärtetes Wasser. Dabei ist sie empfindlich gegen Übernässung. Das Pflanzgefäß darf zwischen den Wassergaben ruhig fast austrocknen. Dabei mag sie es aber nicht, wenn ihr kaltes Wasser auf die Wurzeln geschüttet wird. Das ruft jedesmal einen Wachstumsstopp hervor. Die kalte Jahreszeit übersteht sie problemlos, wenn ihre Wurzeln fast trocken gehalten werden. Tägliches Übersprühen mit zimmerwarmem Wasser fördert das Wachstum sehr.
Düngen: Von März bis September wird die Vanille alle 4 Wochen gedüngt. Dabei kann ein spezieller Orchideendünger eingesetzt werden oder mit verdünnter Jauche aus Rindermist gegossen werden. Zu anderen Düngern kann nicht geraten werden, da sonst im Laufe der Zeit eine Salzanreicherung im Pflanzsubstrat stattfindet und die Wurzeln zu Schaden kommen.
Reife, Ernte: Gut gehaltene Vanillepflanzen beginnen im 3. Jahr zu blühen. Nach erfolgtem Fruchtansatz muß abgewartet werden, bis sich die Schote an der Spitze leicht gelblich verfärbt und aufzuplatzen beginnt.

Man kann versuchen, diese zu fermentieren, d.h. durch Einwirkung von feuchter Hitze mit abwechselndem Trocknen der Schoten diese zu veranlassen, Vanillinkristalle zu bilden. Ohne diese Bearbeitung sind die Schoten nämlich völlig geschmack- und geruchlos. Fertig verarbeitet sind die Schoten auf Stricknadelstärke eingeschrumpft, sind schwarzbraun und duften herrlich. An den Außenseiten sind deutlich die Vanillinkristalle zu sehen.
Vermehrung, Anzucht: Von einer Vanillepflanze wird am besten der Kopftrieb in einer Länge von etwa 40 cm abgenommen. Der untere Teil, etwa die Hälfte, der in das Pflanzsubstrat zu liegen kommt, wird entblättert. Dieses Stammstück wird in einem 12er Topf so gelegt, daß es einige Zentimeter tief in das Substrat zu liegen kommt. Die andere, beblätterte Hälfte wird senkrecht nach oben an einem Stab befestigt. Über das Ganze kommt eine Folienhülle. Vorher leicht angießen.

Bei einer Temperatur von 20 bis 25 °C und einer schattigen Aufstellung bilden sich nach 3 bis 4 Wochen Wurzeln. Man sieht das am neuen Austrieb. Samen, den man bei uns ohnehin nicht erhält, ergibt in der Regel kümmerliche Pflanzen.

Ingwer
Zingiber officinale
Familie: Zingiberaceae

Ingwerrhizome werden auf allen größeren Märkten angeboten. Diese können zur Vermehrung benutzt werden.
Heimat: Die ursprüngliche Heimat ist Vorder- und Hinterindien. In Südostasien wird eine andere Varietät angebaut. Heute wird Ingwer in großen

Der Ingwer ist ein schilfartiges Gewächs (rechts). Begehrt ist jedoch sein knollenartiges Rhizom (unten). Man kann es frisch verzehren, einkochen, trocknen lassen und als Gewürz verwenden.

Mengen im südlichen China, Indien, Japan und Afrika angebaut.

Pflanze: Die Ingwerpflanze ist ein schilfartiges Gewächs. Aus dem unterirdischem Rhizom wachsen Blattsprosse bis etwa 1 m Höhe, die 15 bis 20 cm lange und 2 cm breite wechselständige, lanzettliche Blätter tragen. Die Blütensprosse entspringen ebenfalls dem Rhizom. Diese werden nur 20 cm hoch und tragen blattartige Schuppen. Diese Sprosse entwickeln einen endständigen Blütenstand. Die Blüten sind gelbgrün, Früchte werden kaum entwickelt.

Standort: Ingwer braucht von Februar bis Oktober einen hellen, warmen Platz. In der warmen Jahreszeit darf die Temperatur bis auf 30 °C ansteigen. Zimmerkultur ist nur an einem hellen Süd- oder Westfenster möglich. Im Freiland benötigt Ingwer einen geschützten sonnigen Platz. Dauerregen verträgt der Ingwer nicht. Da die Pflanze im Spätherbst einzieht, kann sie in einem dunklem, nicht unter 10 °C kühlen Raum überwintert werden. Sie bleibt im gleichen Topf, in derselben Erde, in der sie im Sommer gestanden hat, völlig trocken stehen.

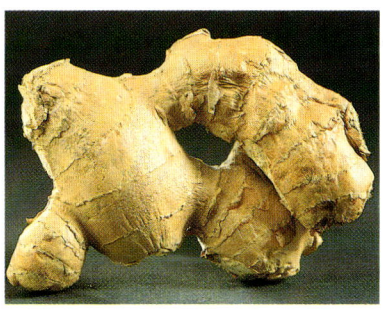

Boden, Substrat: Der Ingwer gedeiht problemlos in Einheitserde.

Gießen: Der Ingwer braucht, wenn er im Wachstum ist, eine gleichmäßige Ballenfeuchtigkeit. Wenn sich im Herbst die Blätter zu verfärben beginnen, muß trockener gehalten werden. Gegen Leitungswasser auf die Dauer ist der Ingwer empfindlich. Das Rhizom wird im Winter bis zum Vegetationsbeginn im Frühjahr völlig trocken gehalten. Im Gewächshausgrund ausgepflanzter Ingwer verträgt auch Feuchtigkeit während seiner Ruheperiode, er treibt bei Ansteigen der Bodentemperaturen wieder aus.

Reife, Ernte: Sind die Blattsprosse von Ingwer im Herbst gelb geworden, kann das Rhizom aus dem Boden genommen werden. Frischer Ingwer kann nach verschiedenen Rezepten in Zuckerlösung eingekocht werden. Manche Liebhaber verzehren ihn frisch in schmale Scheiben geschnitten zu Braten, Schinken usw. Er kann auch nach sorgfältiger Reinigung getrocknet werden. Dabei soll er nicht ins Sonnenlicht kommen. Die Trocknung dauert etwa 14 Tage, das Rhizom verliert dabei bis zu 70% seines Gewichtes. Das Rhizom entwickelt einen kampferartigen Geruch und einen erfrischend pfefferartigen Geschmack.

Vermehrung, Anzucht: Die im Handel befindlichen Rhizome, die zum Auspflanzen verwendet werden sollen, müssen prall und ohne Faulstellen sein. Sie werden flach auf die Pflanzerde gelegt und nur leicht bedeckt. Eine übergestülpte Folienhülle hält die Luftfeuchtigkeit. Angegossen wird nur ganz leicht. Der Topf bekommt einen schattigen Standort bei Temperaturen um 20 °C.

Je nach Frische des Rhizoms beginnt die Wurzelbildung nach 14 Tagen bis 6 Wochen. Wenn die Blattsprosse zu wachsen beginnen, muß die Plastikhaube entfernt werden. Bei überwinterten Rhizomen wird im Frühjahr die alte Erde entfernt und dann wie beschrieben verfahren.

Literatur

Encke, F.: Kübelpflanzen. Verlag Eugen Ulmer, Stuttgart 1982.

Encke, F., Buchheim, G., Seybold, S.: Zander – Handwörterbuch der Pflanzennamen. Verlag Eugen Ulmer, Stuttgart 1984, 13. Aufl.

Köhlein, F.: Pflanzen vermehren leicht gemacht. Verlag Eugen Ulmer, Stuttgart 1980, 6. Aufl.

Rehm, S., Espig, G.: Die Kulturpflanzen der Tropen und Subtropen. Verlag Eugen Ulmer, Stuttgart 1984, 2. Aufl.

Rücker, K.: Die Pflanzen im Haus. Verlag Eugen Ulmer, Stuttgart 1982.

Schmidt, Marcus: Handbuch der tropischen und subtropischen Landwirtschaft. Band 1 bis 2, Verlag Mittler, Berlin o. J.

Walter, M.: Das Kleingewächshausbuch. Verlag Eugen Ulmer, Stuttgart 1980, 2. Aufl.

Bezugsquellen

Norddeutschland:
Peter Koch
Stutsmoor 42
2000 Hamburg 52

Süddeutschland:
Max Schleipfer
Sedelweg
8901 Neusäß

Bildquellen

Apel, H., Baden-Baden: Abb. Seite, 24, 25, 33, 36, 40, 42, 44, 46 (alle), 55, 67, 81 (rechts), 84 (rechts), 88, 99, 106, 117, 118, 120.

Bärtels, A., Waake: Abb. Seite 17, 77, 96, 113 (links).

Bechtel, H., Heimbach: Abb. Seite 14 (alle), 23, 28 (oben), 35, 39, 73, 75 (unten), 84 (links), 95, 100, 111, 113 (rechts).

Espig, G., Stuttgart: Abb. Seite 57, 60 (rechts), 75 (oben), 92, 101, 109, 115, 123.

Frantz, J., Tübingen: Abb. Seite 7.

Haase, M., München: Abb. Seite 60 (links)

Jenuwein, H., Aystetten: Abb. Seite 9, 15, 21, 28 (unten), 29, 37, 64, 71 (links), 81 (links), 82, 91, 93, 97, 98, 105, 110.

Laux, E. H., Biberach: Abb. Seite 38, 63, 71 (rechts), 76, 107, 114, 121.

Log id, Tübingen: Abb. Seite 2, 11.

Morell, E., Dreieich: Abb. Seite 31, 51.

Reinhard, H., Heiligenkreuzsteinach-Eiterbach: Umschlagfoto, Abb. Seite 19, 102 (links).

Seibold, H., Hannover: Abb. Seite 53, 69, 78, 87.

Seidl, S., München: Abb. Seite 89.

Van Dijk Co., Holland: Abb. Seite 59.

Walke, M., Karben: Abb. Seite 102 (rechts).

Wetterwald, M. F., Offenburg: Abb. Seite 123 (alle).

Sachregister

Seitenzahlen mit Sternchen * verweisen auf Abbildungen

Acca sellowiana 15
Actinidiaceae 16
Actinidia chinensis 16
Agavacae 18
Agave sisalana 18
Aguacate 102
Ambari 74, 75*
Anacardiaceae 82, 109
Ananas 21*
Ananas sativus 20
Annona 22
Annonaceae 22
Annona cherimolia 22
Apfelsine 49
Araceae 54
Arachis hypogaea 23
Arbutus unedo 25
Avocado 102*
Avocadobirne 102

Batate 75
Baumtomate 60*
Baumwolle 73*
Bergkaffee 52
Bittere Orange 41
Blumenrohr 29*
Boehmeria nivea 26
Bombacaceae 34
Breiapfelbaum 85
Bulbenyams 61

Cactaceae 95
Calamondinorange 44*
Camellia sinensis 27
Cannaceae 29
Canna edulis 29
Capparaceae 31
Capparis spinosa 31
Caricaceae 33
Carica papaya 33
Cassava 83
Ceiba pentandra 34
Ceratonia siliqua 36

Ceylonzimtbaum 37, 38*
Cherimoya 22, 23*
Chufa 58
Cinnamomum verum 37
Cinnamomum zeylanicum 37
Citrus 2*, 10
Citrus aurantiifolia 39
Citrus aurantium ssp. *aurantium* 41
Citrus aurantium var. *myrtifolia* 42
Citrus grandis 45
Citrus limon 42
Citrus madurensis 44
Citrus maxima 45
Citrus medica 46
Citrus × paradisii 47
Citrus reticulata 48
Citrus sinensis 49
Cocos nucifera 50, 51*
Coffea arabica 52
Colocasia esculenta 54
Convolvulaceae 75
Cucurbitaceae 80
Curcuma longa 56
Cyperaceae 58
Cyperus esculentus 58
Cyphomandra betacea 60

Dattelpalme 104, 105*
Dekkanhanf 74
Dioscorea bulbifera 61
Dioscoreaceae 61
Diospyros kaki 63
Dünger 13
Düngung 13

Ebenaceae 63
Echter Feigenbaum 68, 69*
Echter Kapernstrauch 31*
Echte Pistazie 109*
Echte Vanille 119, 120*, 121*
Elaeis guineensis 65
Erdbeerbaum 25*
Erdbeerguave 110*

Erdmandel 58, 59*
Erdnuß 23, 24*
Ericaceae 25
Eriobotrya japonica 66
Eßfeige 68
Euphorbiaceae 83

Fabaceae 71
Faserbanane, Japanische 9*, 91*
Feigenbaum, Echter 68, 69*
Feigenkaktus 95, 96*
Feigenopuntie 95*, 96*
Feijoa 15*
Feijoa sellowiana 15
Ficus carica 68
Fortunella margarita 70
Fromager 34

Gambohanf 74
Gelbwurzel 56, 57*
gießen 8
Gießwasser 9
Glycyrrhiza glabra 71
Gossypium herbaceum 73
Gossypium hirsutum 73
Gramineae 97, 114
Granatapfelbaum 112, 113*
Granatbaum 112
Grapefruit 47
Guave 110, 111*

Herbst 11
Hibiscus cannabinus 'Kenaf' 74
Ingwer 122, 123*
Ipomoea batatas 75
Japanische Faserbanane 9*, 91*
Japanische Mispel 66
Johannisbrotbaum 36*, 37*

Kaffeestrauch 11, 52, 53*
Kakaobaum 116, 117*, 118*
Kakipflaume 63*

Kapernstrauch, Echter 31*
Kapokbaum 34, 35*
Kapstachelbeere 106*
Karobe 36
Kaugummibaum 85
Kiwi 16, 17*
Kiwipflanze 16
Kokospalme 50
Kumquat 70, 71*
Kunststofftopf 12
Kurkuma 56

Lakritze 71
Lauraceae 37, 77, 102
Laurus nobilis 77
Leguminosae 22, 36
Licht 11
Lime 39
Limette, Saure 39*
Limone 42
Litchibaum 79
Litchi chinensis 79
Litchipflaume Umschlag, 79
Loquate 66
Lorbeerbaum 77*, 78*
Luffa aegyptiaca 80
Lulo 115*

Malvaceae 73, 74
Mandarine 48
Mangifera indica 82
Mango 82
Mangobaum 82*
Manihot esculenta 83
Manilahanf 92
Manilkara zapota 85
Maniok 83, 84*
Maranta agrundinacea 86
Marantaceae 86
Maulbeerbaum, Schwarzer 88*
Melonenbaum 33*
Mist 13
Moraceae 68, 88
Morus nigra 88
Musa acuminata 89
Musaceae 89, 91, 92
Musa basjoo 91
Musa cavendishii 89
Musa textilis 92
Myrtaceae 15, 110
Myrtenblättrige Mandarine 42

Nachttemperaturen 13
Nährstoffversorgung 13
Naranjilla 115

Ölbaum 93*
Oleaceae 93
Olea europea 93
Olivenbaum 9*, 93
Ölpalme 64*, 65
Opuntia ficus-indica 95
Orange 49
Orchidaceae 119
Oryza sativa 97

Palmae 50, 65, 104
Pampelmuse 45
Passifloraceae 99, 101
Passiflora edulis 99
Passiflora quadrangularis 101
Passionsblume 99
Persea americana 102
Pfeffer 107*
Pfeilwurz 86, 87*
Pflanzenpflege 9
Pflanzgefäße 12
Pflanzsubstrat 10
Phoenix dactylifera 104
pH-Wert 9
Physalis peruviana 106
Piperaceae 107
Piper nigrum 107
Pistacia vera 109
Pistazie, Echte 109*
Pomelo 45
Pomeranze 40*, 41
Psidium cattleyanum 110
Psidium guajava 111
Punicaceae 112
Punica granatum 112
Purpurgranadilla 99*, 100*

Ramie 26, 27*
Reis, 97*, 98*
Riesengranadilla 101*
Riesenorange 45, 46*
Rosaceae 66
Rubiaceae 52
Rutaceae 39, 41, 42, 45, 46, 47, 48, 49, 70

Sacharum officinarum 114
Sapindaceae 79
Sapotaceae 85

Sapotillbaum 84*, 85
Sauerzitrone 42
Saure Limette 39*
Schwammgurke 80, 81*
Schwarzer Maulbeerbaum 88*
Sisalagave 18, 19*
Solanaceae 60, 106, 115
Solanum quitoense 115
Sterculiaceae 116
Süßholz 71*
Süßkartoffel 75*, 76*

Tagtemperaturen 13
Taro 54, 55
Tee 27
Teestrauch 27, 28*
Temperatur 12
Textilbanane 92
Theaceae 27
Thea sinensis 27
Theobroma cacao 116

Überwinterung 12
Urticaceae 26

Vanilla planifolia 119
Vanille, Echte 119, 120*, 121*

Wasserenthärter 10
Winter 11
Wintergarten 2*, 11*
Wollbaum 34
Wollmispel 7*, 66, 67*

Yam 61
Yamswurzel 60*, 61

Zedratzitrone 46
Zingiberaceae 56, 122
Zingiber officinale 122
Zitronatzitrone 46*
Zitrone 39*, 42*
Zuckerrohr 114*
Zwergbanane 89*

127

JEDER BAND NUR DM 14,80

Rainer-Michael Lang
Feine und seltene Gemüse

Recht/Wetterwald
Ernte am Wegrand

Achim Samwald
Dörren
Früchte, Gemüse, Kräuter

Walter Brettschneider
Obstbäume in Töpfen

Feine und seltene Gemüse. Von → **R. M. Lang.** 128 S., 57 Farbfotos, 33 Zeichn. Von **A** (Aubergine) bis **Z** (Zucchini) findet der Hobbygärtner in diesem Taschenbuch alles, was er über diese nicht unbedingt als 'gartenüblich' zu bezeichnenden Gemüsearten wissen will (UT 13).

Obst im Garten. Von → **P. G. Wilhelm.** 127 S., 43 Farbfotos, 35 Zeichn. Alle → **wesentlichen Gesichtspunkte** des Obstbaus werden fachkundig erläutert. Ein Buch für all jene, die sich mit Obst aus dem eigenen Garten versorgen wollen (UT 20).

Ernte am Wegrand. Kräuter und Beeren sammeln, konservieren, verwenden. Von → **M. F. Wetterwald** und → **C. Recht.** 127 S., 49 Farbfotos, 28 Zeichn. Jeder, der seinen Speiseplan mit → **Wildpflanzen** und **Wildfrüchten** bereichern will, wird dieses Buch gerne zur Hand nehmen (UT 14).

Dörren. Früchte, Gemüse, Kräuter. Von → **A. Samwald.** 124 S., 57 Farbfotos, 18 Zeichn. Wer einen kleinen Gemüsegarten besitzt, Obstbäume im Garten hat oder gerne Wildfrüchte und Kräuter sammelt, dem öffnen sich mit dem Trocknen von Früchten und Gemüse vielfältige Möglichkeiten der → **Vorratshaltung** und **Verwertung** (UT 22).

Obstbäume in Töpfen. Von → **W. Brettschneider.** 126 S., 65 Farbfotos, 43 Zeichn. Alles über den → **Obstbau im kleinen,** der sich auch auf Dachgärten, Terrassen und Balkonen betreiben läßt und mit nahezu allen Obstarten durchgeführt werden kann. Durch ihre Blütenfülle und den frühen Fruchtansatz sind Topfbäumchen Zier- und Nutzpflanzen zugleich (UT 11).

Der Vorgarten. Von → **T. Graeber** und → **W. Betz-Schiel.** 128 S., 43 Farbfotos, 53 Zeichn. Um einen Vorgarten zu gestalten, der mehr ist als nur Repräsentationsgrün, genügen einige Fachkenntnisse und Phantasie. Das Buch gibt Anregungen zu abwechslungsreicher → **Bepflanzung** und vielfältiger → **Gestaltung** von Vorgärten (UT 16).

Prospekte kostenlos

Erhältlich in Ihrer Buch(Fach)handlung oder beim
Verlag Eugen Ulmer
Postfach 700561
7000 Stuttgart 70

E.U.
VERLAG EUGEN ULMER